DELETE

걱정은 지우고 나를 남기는 법

한민 지음

프롤로그

출근길을 나서며

우리가 깨어 있는 시간.

그 소중한 시간의 절반 이상은 회사의 것이다. 오롯이 회사에서의 삶을 위해 소비한다. 거기에 출퇴근 버스나 지하철에서, 동료들과의 회식 자리나 귀가 후 내 방 침대 위에서, 저마다의 이유로 회사를 떠올리는 시간까지 합한다면... 결국 우리의 일상은 회사와 강하게 결속되어 있다. 한 순간도 떼어 생각하기 어렵다. 회사에서 느낀 감정과 정서는 고스란히 우리의 일상에 투영되고, 회사에서 가져온 고민은 온종일 우리의 머릿속을 지배한다. 그렇다. 회사가 우리 삶에 미치는 영향력은 가히 절대적이다.

그러나 안타깝게도 같은 이유로, 출근길 직장인들의 표정은 늘 어둡다. 아침의 피로함 때문이기도 하지만 대다수는 출근 후 회사에서 마주할 무례, 한계, 증오, 좌절, 패배, 실패, 실수 등에 대한 걱정들 때문이다. 이로 인해 직장인의 삶은 고달프다. 점점 더 지쳐만 간다. 힘을 내어 출근길 내내 걱정과 맞서 본들, 해결되는 것은 아무것도 없다. 회사가 가까워질수록 어두운 표정에 깊은 한숨만 보태질 뿐, 걱정은 결코 삭제되지 않는다. 걱정들을 피해 어디론가 떠나 버리고 싶은 마음이 간절하지만, 현실의 벽 앞에 몸은 어느새 회사의 문을 들어서고 있다.

이 책은 걱정들로 지쳐 가는 직장인들을 위한 책이다

이 책은 직장인들이 회사에서 마주하는 수많은 걱정들 가운데 가장 보편적이지만 해결이 어려운 총 열네 개의 걱정들을 각 장의 주제로 삼고 있다. 그리고 장별로 걱정을 효과적으로 삭제할 수 방법을 실질적이고 논리적인 근거와 함께 제시하고 있다. 그 방법들은 실제 우리 주변의 사례들을 통해 또는 권위 있는 전문가들의 연구를 통해 검증된 것들로, 다음 두 가지 조건을 반드시 충족시키도록 하였다.

첫째, 나 자신의 변화를 통해 가능한 방법이어야 할 것
둘째, 나와 조직의 성장에 이로운 방법이어야 할 것

한편 '삭제'의 영역에서 방관이나 회피의 방법은 제외하였다. 그것들은 비록 쉽고 편하지만 나와 조직의 성장에 유해하기 때문이다.

자, 우리가 걱정에 빠지는 몇몇 순간을 떠올려 보자.

'고소득자의 꿈을 꾸지만 지금의 성과로는 어림도 없음을 깨달았을 때', '스마트하고 효율적으로 일하는 내 모습을 그려 왔는데 실상은 매일의 야근과 상사의 잔소리에 파묻혀 있을 때', '조직을 이끄는 리더가 되기를 희망하지만 사람들과의 소통에 어려움을 겪고 있는 내 모습을 발견했을 때', '해야 함을 알지만 과정의 고됨이 두려워 시작조차 못하고 있을 때', 우리는 걱정에 빠진다. 다시 말해 걱정이란 '신념과 행동이 상충하는 상태'에서 발생한다. 이와 같은 상태를 심리학에서는 '인지부조화 Cognitive dissonance'라고 말한다. 따라서 걱정을 삭제하지 않고 방관하거나 회피하는 것은 곧 인지부조화 상태의 지속을 의미하는 것이다.

불행히도 이는 사람에게 매우 유해하다. 신념과 행동이 모순되어 양립할 때 대개의 사람들은 행동을 신념에 맞추

기보다 신념을 행동에 맞추기 때문이다.*

예를 들어 고소득자가 되겠다는 신념과 좀처럼 오르지 않는 성과가 충돌하는 인지부조화가 일어나면, 많은 사람들은 성과를 높이려는 노력 대신 자신의 신념을 바꾼다. '어차피 조상 도움 없이 고소득자 되기는 어려워', '이 정도면 평균 이상은 되니 최선의 결과야', '돈이 뭐가 중요해, 행복이 더 중요하지'와 같이 말이다. 그러고는 그동안 신념을 이루기 위해 노력해 왔던 많은 행동들을 이내 멈추고 포기해 버린다. 결국 이는 나와 조직의 성장을 차단하는 해로운 결과를 낳는다. 또한 나에게 다가올 더 나은 미래를 나 스스로 소멸시키는 행위이기도 하다.

요컨대 이 책은 회사에서 마주하는 걱정들로 지쳐있는 직장인들에게, 자신과 조직의 가치를 높이면서 걱정도 삭제할 수 있는 효과적인 방법들을 제시하고 있다. 감사하게도 그 과정에서 내가 지난 17년 동안 담당해 온 HR_{Human Resource} 업무와 회사의 지속가능성_{Sustainability}에 관한 업무들이 매우 큰 도움이 되었다. 회사라는 특수한 공간 안에서 성인

---

* 앤 크리스틴 듀하임 저, 박선영 옮김, 『지구를 구하는 뇌과학』, 상상스퀘어, 2024, 271p.

의 특질을 이해할 수 있는 시각을 갖게 해주어 글 쓰는 내내 편향적 사고의 우를 범하지 않도록 해주었다. 또한 직원들과 깊이 소통하며 그들의 걱정을 함께 나눴던 그 수많은 시간들은, 내가 포기하지 않고 집필의 완주까지 도달할 수 있도록 도와준 든든한 버팀목이 되어 주었다.

부디 이 책의 페이지를 넘기며 우리의 걱정도 하나둘 삭제되길 희망하며, 그리고 오늘의 변화로 보다 행복한 내일과 마주하길 기원하며, 글을 시작한다.

차 례

프롤로그_출근길을 나서며   *003*

| 걱정 1장 | *013*
이기적이지 못한 나, 점점 호구가 되어가는 것 같다
마음씨 좋은 놈이 승리한다

| 걱정 2장 | *029*
아무래도 난 이 일에 소질이 없는 것 같다
나의 뇌는 아인슈타인의 뇌와 무엇이 다를까

| 걱정 3장 | *045*
난 그 일을 잘 알고 있다. 그러나 모든 게 막막하다
NOSCE TE IPSUM

| 걱정 4장 | 063

회사에서 느껴지는 부정적인 감정들은 왜 쌓여만 갈까?
벗어나고 싶다
항상 외력보다 내력이 더 세게

| 걱정 5장 | 075

나에겐 너무 복잡한 문제들, 좀처럼 해결책이 떠오르지 않는다
처음으로 돌아가야 끝이 보인다

| 걱정 6장 | 091

오늘도 야근 한 스푼... 나는 효율적으로 일하는 법을 모르는 걸까
아직도 효율이란 허상에 속고 있는가

| 걱정 7장 | 105

업무 스트레스로 죽을 지경이다. 줄여야 할까 버텨야 할까
냉정과 열정 사이

| 걱정 8장 | 119

점점 더 한계를 느낀다. 누구를 내 편으로 만들 것인가

보이지 않는 개미가 종족을 지킨다

| 걱정 9장 | 131

사람이 두렵다. 사람 없는 곳에서 일하고 싶다

어떤 선물이 그를 기쁘게 만들 것인가

| 걱정 10장 | 147

성과만을 위해 쉼 없이 달려온 나, 놓치고 있는 것은 없는가

성과보다 중요한 오직 단 하나의 것

| 걱정 11장 | 161

계획 수립에 파묻혀 있는 나, 실패가 두렵다

유치원생을 이길 수 없는 이유

| 걱정 12장 | 173

아무리 노력해도 좀처럼 변하지 않는 내 모습, 싫어진다
무엇부터 바꿔야 하는가

| 걱정 13장 | 187

다수가 옳다고 말하는 길을 걸어왔는데...
나는 왜 이렇게 힘든 걸까
행복하지 않음은 남의 삶을 살고 있다는 증거

| 걱정 14장 | 203

왜 나는 항상 그들에 못 미치는 것일까
평균, 그 허상을 향한 집착에 대하여

에필로그_ 당신의 걱정은 모두 가짜일 수 있다 217
하찮고 의미 없는 걸음이란 없다

걱정 1장

이기적이지 못한 나,

점점 호구가

되어가는 것 같다

"타인에 대한 관대함은 늘 효과를 얻으며,
관대함이 품위와 부를 끌어당긴다."

_ 이 세상 최고의 위치에 있는 사람들의 품격을 분석한 책
『아비투스 Habitus』 중

마음씨 좋은 놈이 승리한다

오 과장은 대기업의 하청을 받아 부품을 제작, 납품하는 중소기업에 다니고 있다. 그는 연구 개발에 관심이 많지만 지금은 원청회사에서 발주한 대로 제작하고 완성품의 적격성을 테스트하는 업무에 집중하고 있다. 이것만으로도 주 52시간을 가득 채운다.

그런데 얼마 전부터 원청회사 김 대리의 연락이 부쩍 잦아졌다. 서너 달 전쯤 입사한 김 대리는 오랜 기간 학위 공부로 인해 실무 경험은 많지 않다고 했다. 그래서인지 하루 종일 그의 질문이 끊이질 않는다. 업무에 관한 것이긴 하나 주로 부서 차원의 공식 문의가 아닌 개인 차원의 질문들이다. 부서 내에서 성과에 대한 압박을 많이 받는 듯했고, 부족한 실무 경험 탓에 애를 먹는 것 같기도 했다. 그의 목소리는 항상 급박하고 간절했다. 어떨 때는 한 시간에 두세 번씩 전화가 올 때도 있었다.

처음에는 오 과장뿐만 아니라 회사 내 다른 사람들도 김 대리의 질문에 친절히 응해 주었다. 그러나 시간이 흐를수록 사람들은 응답을 멈추거나 최소한의 것들만 선택적으로 답변해 주기 시작했다. 각자 맡은 일을 처리하기에도 바쁜데 개인적 차원의 질문들까지 일일이 대응해 줄 여력이 없었기 때문이었다. 어쩌면 김 대리의 직급이나 나이를 봤을 때 그에게 주는 도움이 나에게 그다지 큰 이익으로 돌아오지 않을 것이라는 계산이 있었을지도 모른다.

그러나 오 과장은 달랐다. 성과를 내기 위해 열정적으로 노력하는 김 대리의 모습에 어떻게든 도움을 주고 싶었다. 그래서 그는 동료들이 귀찮아하는 김 대리의 질문이나 요청들을 대신 받아 처리해 주었다. 이 같은 일들이 몇 번 반복되다 보니 자연스럽게 김 대리에 대한 건은 부서 차원의 것이든 개인 차원의 것이든 모두 그에게로 집중되었다. 그 탓에 오 과장의 퇴근 시간은 점점 더 늦어졌다. 오 과장도 스스로 원해서 하는 일이긴 해도 김 대리까지 챙기는 것이 종종 힘에 부칠 때가 있다. 그럴 때마다 상사나 동료들은 아무리 원청회사 직원이라고 해도 그렇게까지 해줄 필요

없다며 오 과장을 말렸다. 호구가 되었다며 위로인 척 비웃는 동료들도 있었다.

◇◇◇

소형 자산운용사에 다니고 있는 안 대리는 항상 팀원들보다 업무량이 많다. 그의 이타적인 성향 때문이다. 그는 자신의 일을 마친 후에는 항상 동료 팀원들의 일을 도와준다. 팀 공통의 업무가 있다면 먼저 나서 보다 힘든 부분을 책임진다. 팀장도 그의 성향을 알기에 팀원들에게 배분하기 난처한 업무가 있을 때면 어김없이 그를 찾는다. 그래도 안 대리는 본인의 일인 것처럼 언제나 최선을 다한다. 그런 안 대리의 모습을 보며 타 팀 사람들은 그에게 진심 어린 충고를 해준다. 팀장도 아닌데 팀원들까지 챙길 필요 없다고, 그럴수록 안 대리만 소모될 뿐이라고, 사람들은 호의를 베풀면 권리인 줄 안다고, 그러니 이기적으로 행동하라고 말이다.

◇◇◇

중견기업 9년 차인 송 과장은 줄곧 경영지원 부서에서만 근무해 왔다. 총무, 회계, 인사 등의 업무를 담당해 왔는데, 그는 누구보다 직원들의 도움이나 협조 요청에 빠르고 성실히 대응해 주는 것으로 유명했다. 때로는 상대가 필요할 것으로 생각되는 자료들을 먼저 챙겨주기도 했다. 자료도 허투루 보내주는 법이 없었다. 지금 상대방이 필요한 정보가 무엇인가를 정확히 파악하고 도움이 될 만한 자료들을 선별하여 보내주었다. 그러다 보니 늘 그의 메일함과 메신저는 사람들의 SOS로 가득 차 있다. 그렇다고 송 과장이 어떤 대가를 바라거나 보상을 기대하는 것도 아니다. 그냥 직원들을 위해 최선을 다하는 것이 지원업무 담당자로서 주어진 역할에 충실한 것이라고 생각할 뿐이다. 하지만 그런 송 과장도 요새 조금 혼란스럽다. 자신과 같은 업무를 맡고 있는 민 과장은 매일 정시에 퇴근하는데, 늦은 밤까지 혼자 남아 모니터를 바라보고 있는 자신의 모습을 보면 '왜 난 고생을 사서 할까, 내가 잘못하고 있는 걸까?'라는 의구심이 밀려온다.

남을 위해 행동하는 기버Giver는 과연 성공할 수 있을까

오 과장과 안 대리 그리고 송 과장.
이들의 공통점은 모두 '기버'라는 점이다. 조직심리학의 대가이자 펜실베이니아대 와튼스쿨 교수인 애덤 그랜트Adam M. Grant[1]에 의하면, 기버란 상호관계에서 무게의 추를 상대방 쪽에 두고 자기가 받은 것보다 더 많이 주기를 좋아하는 이타주의 성향의 사람이다. 개인의 성과를 중시하는 비즈니스 세계에서 이 유형은 상대적으로 드물다.

한편 그 반대 유형으로, 무게의 추를 자신에게 두고 다른 사람이 자기에게 무엇을 줄 수 있는지 계산한 후 자기에게 이익이 된다고 판단될 때 비로소 행동하는 테이커Taker도 존재한다. 우리가 함께 일하는 대부분의 직장인들이 아마 여기에 속할 것이다.

그리고 하나의 유형이 더 있다. 매처Matcher다. 매처는 타인에게 주는 도움을 손해로, 타인으로부터 받는 보답을 이익이라 정의한다. 그리고 이 둘의 관계는 반드시 공평하게

---

[1] 애덤 그랜트 저, 윤태준 옮김, 『기브앤테이크』, 생각연구소, 2013, 21p.

균형을 이뤄야 한다고 생각한다. 우리는 종종 자기계발서나 처세에 대한 교육을 통해 매처가 되어야 한다고 배운다. 상대방이 원하는 바를 충족시키되 자기의 이익도 반드시 보호해야 함을 강조하는 것이다.

애덤 그랜트 교수는 이에 관한 한 가지 실험을 진행했다. 우선 그는 엔지니어, 의대생, 영업사원 등 다양한 직업군의 사람들을 대상으로 성향을 분석하여, 그들을 기버, 테이커, 매처로 구분하였다. 그리고 장기간 이들 유형과 성과(혹은 성공) 간의 상관관계를 측정해 보았다. 그 결과 공교롭게도 모든 직업군은 유사한 결과를 보였다.

먼저 가장 낮은 성과를 보인 것은 역시나 기버였다. 대부분 남의 것에 집중하느라 자신의 것을 실수하거나 마감기한까지 해내지 못한 사람들이었다. 그럼 가장 높은 성과를 보인 것은 누구였을까? 놀랍게도 그 역시 기버였다. 어떤 영업사원 그룹에서는 무려 기버가 테이커나 매처보다 연간 50% 이상의 실적을 더 올리기도 했다. 그들은 사람과의 상호작용 전반의 상황들에서 모두 테이커나 매처보다 우월한 성공을 거두었다.

기버의 성공 비밀은,
'모두를 승자로 이끈다'는 것에 있다

오 과장, 안 대리, 송 과장 같은 기버가 생각하는 협력이란 하나를 주고 하나를 받는 제로섬(Zero sum) 방식이 아니다. 그들은 남에게 긍정적인 영향력을 제공했다는 그 자체만으로 자신의 성취가 이뤄진 것으로 여긴다. 대가를 바라지도 않고 대가의 크기에 큰 의미를 부여하지도 않는다. 한편 기버로부터 도움받은 이들은 기버와 점점 더 깊은 관계를 맺고 싶어 한다. 이는 기버와의 관계가 반드시 언젠가 나에게 도움이 될 것이라는 기대와 믿음이 있기 때문이다. 이들은 또한 이 관계가 지속적이고 건강하게 이어지길 원하므로, 자신에게도 기버에게 보답할 기회가 주어지기를 손꼽아 기다린다. 결국 이 둘의 사이에는 서로를 위해 긍정적인 영향력을 주고받는 윈(Win)-윈(Win)의 순환 구조가 형성된다. 이것이 바로 기버가 지닌 이타주의적 사고의 힘이자 본질이다.

반면 테이커나 매처로부터 도움을 받은 이들은 고마움과 별개로, 그들의 의도를 경계하거나 진정성을 의심하게 된다. 그들은 테이커나 매처에게 언젠가는 나도 무엇인가를 내어 주어야 한다는 부담과 강박에 시달리게 된다. 이러한 관계는 일회성에 그치거나 아주 제한된 협력만을 갖고 올 수밖에 없다. 때때로 '이에는 이, 눈에는 눈'이라는 테이커나 매처의 계산적인 협력은 '나에게 해를 입히면 너에게도 해를 입힐 것이다'라는 경고로 인식되어 관계를 더 경직되게 만드는 경우도 발생한다.

사실 기버가 지닌 이타주의의 힘은 꽤 많은 이들로부터 주목받아 왔다. 특히 과학 교양서의 바이블이자 전 세계인들의 베스트셀러『이기적 유전자The Selfish Gene』에서 저자인 옥스퍼드대 석좌교수 리처드 도킨스Richard Dawkins는 우리에게 다음과 같이 말한다.

> "우리의 유전자는 다윈주의에 따라 생존을 위한 이기적 행동만을 지시하지만, 인간인 우리는 이에 반드시 복종하지 않는다."

그에 따르면 인간에게는 이기적인 유전자를 넘어서는 힘, 즉 이타주의가 존재한다. 인간은 많은 경험을 통해 언제부터인가 이타주의의 힘이 배신과 이기주의보다 더 나은 결과를 가져온다는 것을 깨달았을 것이다. 이로 인해 인간들은 위기 때마다 개인이 아닌 전체를 위한 상호협력의 길을 택해 왔다. 그 결과 인간은 수많은 동물을 제치고 지구를 지배하는 종이 될 수 있었고, 오늘날의 위대한 번영을 만들어 냈다. 이 모든 것이 결국 이타주의의 힘이다.

도킨스 교수의 말이다.

"가장 마음씨 좋은 놈이 일등 한다."[2]

회사가 진정 원하는 사람은 '모두를 성공으로 이끄는 사람'이다

다시 오 과장과 안 대리, 송 과장의 이야기로 돌아가 보자. 그들은 지금 어떻게 되었을까?

오 과장은 지난해 원청회사에 특채로 선발되었다. 연봉도 예전보다 2배 가까이 올랐다. 실무 감각을 갖춘 연구개발 인력이 추가로 필요했는데, 마침 그동안 많은 연락을 주

---

[2] 리처드 도킨스 저, 홍영남, 이상임 옮김, 『이기적 유전자』, 을유문화사, 2018, 12장.

고받으며 눈에 띄었던 하청회사의 오 과장에게 기회가 주어진 것이다. 김 대리의 추천과 레퍼런스 체크가 그의 채용에 매우 큰 도움이 되었다고 한다.

◇◇◇

　안 대리는 올해 굴지의 증권사에 입사하게 되었다. 그의 팀장이 평소 우호적인 네트워크를 쌓아오던 한 증권사로 이직하게 되었는데 그 조건이 2명의 팀원을 데려간다는 것이었고, 안 대리가 그 안에 포함된 것이다. 낯선 환경에서 새로운 성과를 올려야 할 팀장에게는 팀을 위한 헌신을 보여줘 왔던 안 대리가 누구보다 필요했을 것이다. 덕분에 안 대리는 대형 증권사에서 과장으로 승진도 하고 지금보다 훨씬 더 좋은 처우도 보장받게 되었다.

◇◇◇

　송 과장은 어떻게 되었을까? 송 과장의 회사는 안타깝게도 코로나 팬데믹 이후 계속된 실적 악화로 구조조정을 하게 되었다. 핵심은 지원 인력을 큰 폭으로 줄이는 것이었다. 그런데 다행히 송 과장은 위기에서 벗어날 수 있었다. 평소 송 과장의 성실성을 눈여겨봐 왔던 몇몇 영업팀들이 그를 원했기 때문이다. 그 역시 영업팀에 가서도 어렵지 않게 적응할 수 있었다. 그에게 도움을 받아왔던 많은 동료들이 물심양면으로 그를 도왔기 때문이다. 그는 이제 영업팀에서 제2의 경력을 시작하고 있다.

오 과장과 안 대리, 송 과장의 이야기는 기버가 성공한다는 애덤 그랜트 교수의 연구 결과와도 크게 다르지 않다. 회사는 구성원 간 상호협력을 통해 보다 큰 성과를 창출해내야 하는 곳이다. 따라서 제로-섬을 만드는 이기적 유전자보다 윈-윈을 만드는 이타적 유전자가 훨씬 더 강력한 힘을 발휘한다. 혼자서 성공하는 직원보다 모두를 성공으로 이끄는 직원이 훨씬 더 효용 가치가 높다. 이는 다시 말해, 타인에게 긍정적인 영향력을 미치는 기버야말로 조직이 가장 필요로 하는 구성원임을 의미한다.

지금 이 순간, 혹시 자신이 기버와 같은 유형이라 걱정하고 있는가? 동료들로부터 호구라고 놀림당하거나 고생을 사서 한다는 비아냥에 괴로워하고 있는가? 그렇다면 이제 안심해도 좋다. 오히려 당당히 기버로서의 삶을 누리자.

단, 직장인으로서 자신에게 주어진 역할과 책임에 소홀해지지 않는 범위 내에서. 그렇게 시간이 흐르다 보면 어느새 당신은 많은 사람들과 긍정적인 영향력을 주고받으며, 성공 사다리의 꼭대기를 향해 오르고 있는 자신의 모습을 발견하게 될 것이다. 오 과장, 안 대리, 송 과상처럼 말이다. 기억하자. 혼자 사는 사회가 아니라면, 결국 마음씨 좋은 놈이 승리한다.

DELETE Key.

회사에서 이기적이지도, 계산적이지도 못한 내 모습 때문에 걱정이라면, 이제 그만 걱정을 지워버리자.
사람들은 언제나 이타적인 사람과의 관계를 선호하며, 그 관계 속에서 당신이 타인에게 베푼 관대함은 반드시 큰 효과를 거둔다. 모두를 승자로 이끄는 윈$_{win}$-윈$_{win}$의 관계에 집중하자. 이타적 유전자를 지닌 당신만이 해낼 수 있는 가장 가치 있는 생산 활동이 될 것이다.

걱정 2장

아무래도 난

이 일에 소질이

없는 것 같다

"그거 한 가지만 생각했다."

_ 뉴턴(물리학자), 어떻게 중력의 법칙을 발견했냐는 질문에

나의 뇌는 아인슈타인의 뇌와
무엇이 다를까

현대 과학 역사상 가장 위대한 업적을 남긴 과학자는 알베르트 아인슈타인Albert Einstein이다. 어떤 분야든 최고를 가리는 논쟁은 늘 존재하지만, 현대 과학에서만큼은 아인슈타인을 꼽는 데 주저함이 없다. 물리학자로서 그가 남긴 성과는 그만큼 혁명적이었고 예지적이었으며 감동적인 것들이었다. 그런데 그 위대한 업적들이 탄생한 곳, 아인슈타인의 '뇌'가 아직 우리 곁에 실물로 남아 있다는 사실을 아는 이는 많지 않다.

이 놀라운 사실은 그가 사망한 1955년 4월 18일 아침, 한 사람의 광적인 행동으로부터 발생했다. 아인슈타인은 자신이 사망하면 화장 후 아무도 모르는 곳에 뿌려달라는 유언을 남겼지만, 병리학자 토머스 하비Thomas Harvey의 생각은 조금 달랐다. 그는 아인슈타인이 사망하자 오래전부터 치밀하게 준비했던 계획을 실행에 옮기기 시작했다.[1]

그날 아침 그는 아무도 모르게 아인슈타인의 사체에서 두개골을 가르고 뇌를 훔쳤다. 그리고 자기 집 지하실로 가져와 수십 장의 사진을 찍은 후 240조각 내어 부패하지 않도록 약물로 처리했다. 그가 그토록 바라던 꿈을 마침내 이뤄낸 순간이었다. 그의 꿈은 다름 아닌 '아인슈타인의 뇌를 눈앞에서 샅샅이 관찰하는 것'.

토마스 하비는 2007년 사망했다. 그는 죽기 직전 한 인터뷰에서, 아인슈타인이 갖고 있는 천재성의 비밀을 풀고 싶었고, 그 비밀을 뇌에서 찾아낼 수 있을 것이라 확신했다고 털어놓았다. 어쨌든 덕분에 아직도 아인슈타인의 뇌는 세계 여기저기에서 최고의 과학자들로부터 관찰되고 있다. 아마도 세상에서 가장 유명한 뇌 조각일 것이다.

그렇다면 토마스 하비의 관찰 결과, 그리고 세계 여러 과학자들이 현대 의학 및 뇌 과학의 관점에서 관찰한 결과,

---

[1] 크리스티안 안코비치 저, 이기숙 옮김, 『아인슈타인은 왜 양말을 신지 않았을까』, 문학동네, 2019, 20p.

그의 뇌가 일반인의 뇌와 다른 점은 무엇이었을까?

놀랍게도 그 답은 'Nothing'이다. 그들이 발견한 건 아인슈타인의 뇌는 일반인의 뇌보다 145그램 더 적다는 것, 그리고 끝내 타당성을 인정받지 못한 몇몇 개의 가설들뿐이었다. 결국 아무도 아인슈타인의 뇌로부터 유의미한 특별함을 발견하지 못한 것이다. 하비의 무모한 도전은 그렇게 실망스러운 결과와 윤리적 과제만을 세상에 던진 채 실패하고 말았다.

천재의 비밀은 뇌가 아닌
다른 곳에 있었다

그런데 몇 해 전 의외의 곳에서 아인슈타인 천재성의 비밀을 풀 수 있는 중요한 단서가 발견되었다. 아인슈타인이 그의 아들에게 남긴 편지에서였다. 이 또한 우리가 잘 몰랐던 사실이지만 그는 차가운 과학자이기 이전에 따뜻한 아빠였다고 한다. 그는 생전 아들 한스에게 사랑이 듬뿍 담긴 잔소리 편지를 종종 부치곤 했는데(아인슈타인이 아들, 전처, 가족과 친구들에게 자필 서명을 담아 부쳤던 편지 27편이 2015년

경매에 올라 수십억 원에 낙찰되기도 했다), 그중 다음과 같은 내용이 있었다.

"한스, 네가 요새 피아노 치는 것에 즐거움을 느끼고 있다니 정말 기쁘구나. 부디 피아노를 칠 때는 너를 즐겁게 하는 곡들을 연주하기를 바란다. 비록 그 곡이 선생님이 지정한 것이 아닐지라도 말이다. 무언가를 가장 많이 배우는 방법은 시간이 가는지 모를 정도로 즐기는 것이다. 나는 종종 연구에 너무 몰입한 나머지 점심 먹는 것도 까먹고는 한단다. 너에게 키스로 동봉된 편지를 보내며."

- 아빠papa 가 -

동료 과학자들에 의하면 그는 실로 엄청난 몰입력의 소유자였다고 한다. 그는 한스뿐 아니라 주변의 많은 사람에게 몰입의 중요성에 대해 늘 강조하곤 했다.

"집중한다면 6시간 걸릴 일도 30분 만에 끝낼 수 있지만 집중하지 않으면 30분이면 끝날 일도 6시간을 한들 부족할 뿐이다."

그가 사람들에게 습관처럼 읊조리던 말이다. 몰입을 얼

마나 중요하게 생각했는지 알 수 있다. 실제로도 그는 어느 한 가지에 몰입하면 잠자는 것도, 먹는 것도 잊어버리기 일쑤였다고 한다. 풀어야 할 문제가 있다면 몇 달이고 몇 년이고 오직 그것만을 생각했다. 그러다 보면 99번은 틀리지만 100번째가 되면 비로소 맞는 답을 찾아냈다. 이러한 그의 모습을 지켜보며 동료들은 확신했다. 몰입하는 힘이야말로 그가 가진 천재성의 근원이라고 말이다.

몰입의 중요성을 강조한 것은 비단 아인슈타인뿐만이 아니다. 세계적인 두뇌 전문가 짐 퀵 은 세계 역사에 길이 남을 만한 뛰어난 성과와 업적을 거둔 사람들을 오랜 세월 분석해 왔다. 그 결과, 그는 누구에게나 자신의 한계를 초월하는 타고난 천재성이 있으며 그것을 발휘하도록 돕는 가장 큰 힘이 바로 '몰입'임을 발견했다.[2] 그는 25년 전부터 빌 게이츠, 버락 오바마, 일론 머스크, 오프라 윈프리, 윌 스미스 같은 유명인은 물론이고, 세계 최고를 꿈꾸며 목표를 향해 달리는 여러 사람(정치인, 기업가, 기술자, 학자, 스포츠선수, 연예인 등)들에게 몰입을 위한 브레인 코칭을

---

2 짐 퀵 저, 김미정 옮김, 『마지막 몰입: 나를 넘어서는 힘』, 비즈니스북스, 2021, 122-123p.

제공해 오고 있다. 마블Marvel의 회장이었던 스탠 리Stanley Martin Lieber는 그의 도움을 받은 후 다음과 같이 말했다고 한다.

"우리 모두의 내면에는 슈퍼히어로가 있으며, 몰입은 우리가 슈퍼히어로의 초능력을 발휘하는 법을 알려 준다."

누구나 갖고 있는 천재성은
몰입을 통해서만 세상 밖으로 나온다

몰입이란, 정신적으로 완전하게 열중한 상태를 말한다. 이때에는 우리 몸의 비축된 에너지들이 눈앞의 활동에 집중된다. 뇌 속 깊은 곳까지의 탐험을 통해 장기 기억된 정보들이 활성화된다. 이때는 시간의 흐름도 인지하지 못한다. 심지어 생리적 욕구조차 잊게 만든다. 그야말로 내가 가진 최고의 능력을 발휘하기 위해 푹 빠진 상태, 이것이 바로 몰입이다.

만약 우리가 회사에서 몰입할 수만 있다면 우리의 성과는 꽤 많이 달라질 수 있다. 물론 현실 세계의 직장인들은 워낙 많은 일들을 병렬적으로 처리해야 하므로 한 가지 업무에 몰입할 시간은 충분하지 않다. 그러나 얼마의 시간이 주어졌는가는 그리 중요한 문제가 아니다. 5분이든, 5시간이든, 나에게 주어진 순간 몰입할 수만 있다면 그 시간만큼은 천재성을 발휘해 주어진 업무를 수행할 수 있다. 동일한 시간이라면 몰입하여 수행한 과제는 당연히 전과 다른, 보다 크고 새롭고 놀라운 성과로 이어진다.

독일의 법률가이자 자기계발 전문가 마르코 폰 뮌히하우젠Marco von Münchhausen은 많은 사례 연구 끝에 '성과=투자한 시간×몰입(집중력)'이라는 공식을 만들어 낸 바 있다. 이를 정리한 책은 지금까지도 많은 이들의 공감을 얻으며 12개 국어로 번역되어 전 세계 5천만 부 이상 판매되고 있다.[3]

몰입의 파괴자,
'두려움'을 없애는 가장 확실한 방법

몰입의 중요성이 점점 더 강조됨에 따라 오늘날 많은 전

---

[3] 마르코 폰 뮌히하우젠 저, 강희진 옮김, 『집중하는 힘』, 미래의창, 2017, 20p.

문가들은 몰입을 돕는 여러 가지 비법들을 우리에게 알려준다. 소리, 냄새, 온도, 습도와 같은 물리적 조건부터 몸의 컨디션, 바이오리듬, 명상법, 피해야 할 매체, 도움이 되는 약물까지 매우 다양하다.

그러나 몰입을 위해 가장 중요한 것이 있다. 바로 '두려움을 없애는 것'이다. 두려움은 몰입의 파괴자이다. 내가 이 과제를 해결할 능력이 있을까에 대한 두려움, 잘못된 방식으로 시간만 낭비하는 것은 아닐까에 대한 두려움, 실수하거나 실패했을 때 나에게 쏟아질 비난에 대한 두려움 등 우리 뇌 속에 두려움이 자리 잡고 있는 한 결코 몰입은 일어날 수 없다.

이유는 간단하다. 우리 몸의 메커니즘은 참으로 정직한 것이어서, 두려움이 느껴지는 순간 이를 생존에 대한 위협으로 인식하기 때문이다. 이때 우리의 뇌는 안전하고 친숙하며 통제 가능한 것들을 제외한 나머지 것들에 대해 강한 경계를 명령하며 접근을 차단한다.

다시 말해 도전적이거나 어렵고 낯선 과제들을 앞에 두고 두려움이 앞선다면 우리 뇌는 그 과제의 수행을 위협으로 인식해 경계하기 시작한다. 그리고 몰입을 통한 고차원적 사고 대신 Copy & Paste와 같은 안전 지향적 행위만을 허락한다. 위협적이지 않은, 이미 수차례 검증된 익숙한 것들만을 떠올리게 하는 것이다. 이때부터 몰입은 더 이상 필요하지 않게 된다.

그렇다고 몰입을 포기할 필요는 없다. 스스로 두려움을 없애는 좋은 방법이 있기 때문이다. 바로 자기효능감self-efficacy을 높이는 것이다. 자기효능감이란 '특정 과제에 대해 성공적으로 목표에 도달할 수 있다는 스스로에 대한 기대와 신념'을 뜻한다. 이는 구체적인 근거에 기반한 믿음이다. 막연히 나는 잘할 수 있을 것이라는 긍정의 마음가짐, '자신감'과는 큰 차이가 있다.

미국의 떠오르는 자기계발 멘토 데이먼 자하리아데스Damon Zahariades는 그의 저서 『몰입은 과학이다The Art of Finding Flow』(2023년 아마존 베스트셀러)에서 몰입의 전제 조건 중 가장 중요한 것으로 '나 자신에 대한 확신'을 꼽았다. 그는 어떤 난관이 닥쳐와도 극복할 수 있다는 믿음이 있어야 비로소 몰입에 이를 수 있다고 말한다. 여기서 말하는 '나 자신에 대한 확신', 이것이 곧 자기효능감이다.[4]

---

4 데이먼 자하리아데스 저, 박혜원 옮김, 『몰입은 과학이다』, 포텐업, 2024, 49p.

자기효능감이 높은 사람은 애초 두려움으로부터 자유롭다. 이들은 해낼 수 있다는 강한 신념이 있으므로, 오직 자신이 정한 목표를 달성하는 것에만 집중할 수 있다. 어려움은 단지 과정일 뿐 두려움의 대상이 아니다. 이들은 꿈꿔오던 성취를 이뤄내는 과정에서 긍정적인 에너지를 얻으며, 그 에너지는 더 강한 몰입을 위한 원동력으로 돌아온다. 이들은 아주 높은 확률로 능력의 한계를 뛰어넘는 경험을 하게 되고, 이전보다 한 단계 진화된 업무성과를 창출할 수 있게 된다. 몰입을 통한 호혜적 순환이 일어나게 되는 것이다. 참고로 자기효능감을 높이는 보다 상세한 방법은 정리하여 이 글 뒤에 붙인다.

우리나라에서 몰입에 대한 최고 전문가로 알려진 서울대 황농문 명예교수는 그의 연구 결과를 모아 『몰입』이라는 책을 발간하였다. 책을 통해 그는 바쁜 직장인에게 이렇게 조언한다.

> "약한 몰입이라도 반복해서 실천하면 의식의 통제 능력과 문제해결 능력이 향상되고, 업무를 즐기는 능력도 올라간다. 주어진 조건에서 '최선을 다했다'고 자신

있게 이야기할 수 있게 되며, 일에 대한 애착과 내가 무언가 의미 있는 일을 했다는 자부심도 생긴다.

우리가 무엇인가에 시간을 쏟는 것은 우리 인생의 한 부분과 맞바꾸는 것이다. 특히 직장에서 일을 하는 시기는 대개 인생의 황금기다. 내가 하는 일이 과연 꽃다운 나의 청춘과 바꿀 만한 가치가 있는지 잘 생각해 봐야 한다. 그것은 어떠한 일을 하느냐의 문제가 아니라 어떻게 일을 하느냐의 문제다."[5]

DFI FTE Key.

자신이 타고난 능력이 부족하거나 소질이 없는 것 같아 걱정이라면, 이제 그만 걱정을 지워버리자.
당신은 숨겨진 천재성을 발휘하고 있지 못할 뿐이다. 몰입은 당신의 천재성을 세상 밖으로 나오게 할 수 있다. 두려움을 없애자. 그리고 나 자신에 대한 확신, 자기효능감을 높이자. 그로 인한 성과는 전과 다르게, 더 크고 새롭고 놀라운 것이 될 것이다.

---

[5] 황농문 저, 『몰입 확장판: 인생을 바꾸는 자기 혁명』, 알에이치코리아, 2024, 485p.

> 덧붙임

자기효능감을 높이기 위한 네 가지 방법*

사회인지학자이자 스탠퍼드대 교수 알버트 반두라Albert Bandura는 자기효능감이라는 개념을 세상에 처음 소개하였다. 그는 오랜 기간의 연구를 통해 자기효능감을 높일 수 있는 네 가지 방법을 찾아냈다.

첫 번째는 성공 경험이다. 이는 자기효능감을 높이기 위한 가장 효과적인 방법이다. 자신의 성공 가능성에 가장 신뢰 있는 증거를 제공하기 때문이다. 여기에는 한 가지 단서가 있다. 그 성공 경험 안에는 반드시 지속적인 노력으로 장애(커다란 어려움)를 극복한 경험이 포함되어야 한다는 것이다. 그렇지 않다면 자신에게 성공할 능력이 있다는 강한 믿음을 부여할 수 없다. 그렇다고 항상 어려운 과제만 도전할 필요도 없다. 반복된 실패의 경험은 오히려 자기효능감을 낮출 수 있기 때문이다. 따라서 한 단계씩 난이도를 높여가며 지속적인 성공을 다수 경험하는 것이 자기효능감을 높이는 데 가장 효과적이다.

두 번째는 대리적 경험이다. 타인에 대한 모델링으로 나도 할 수 있다는 자신감을 얻는 것이다. 유능한 모델은 행동과 사고의 표현으로 지식을 전달하며, 과제를 다루는 효과적인 기술과 전략들을 보여준다. 단 여기에도 단서는 있다. 자신과 모델링의 대상 사이에 유사성이 존재해야 한다는 점이다. 유사성이 높을수록 자기효능감의 각성 수준도 높아진다. 반대의 경우 모델링의 의미는 퇴색되며 자기효능감에도 별 영향을 미치지 않는다. 이는 우리가 회사에서 롤 모델 또는 멘토를 정할 때 어떠한 점을 고려해야 할 것인가를 알려준다.

셋째와 넷째는 각각 언어적 설득과 생리적·정서적 상태이다. 이 두 가지는 성공 경험과 대리적 경험에 비해 영향력은 적으나 자기효능감을 유지하기 위한 방법으로 꽤 효과적이다. 언어적 설득이란 의미 있는 다른 사람이 나의 능력에 대해 언어로써 긍정적인 피드백을 주는 것을 뜻한다. 특히 내가 어려움과 싸우고 있는 상황이라면 자기 의심을 줄여주는 효과가 있다. 생리적·정서적 상태는 말 그대로 신체와 정신이 건강하고 안정된 상태가 충족되어야 비로소 자기효능감이 높아질 수 있음을 뜻한다. 우리의 몸은 우리의 생각을 지배하고 있기 때문이다.

---

* 알버트 반두라 저, 김의철 외 옮김, 『자기효능감과 인간행동』, 교육과학사, 1999, 183-246p.

걱정 3장

난 그 일을 잘 알고 있다.

그러나

모든 게 막막하다

"진정한 지혜는 아무것도 모른다는 것을 아는 데 있다."

_ 소크라테스(위대한 고대의 철학자)

NOSCE TE IPSUM
(노스케 테 입숨; 너 자신을 알라)

정 과장은 오늘도 팀장에게 듣기 싫은 한소리를 끝내 듣고 말았다. 또 업무 일정을 지키지 못했기 때문이다. 팀장은 답답하다. 일하다 보면 당연히 계획과 달라질 수도 있기에 몇 번은 가벼운 경고로 넘겼다. 그러나 일정을 지키지 못하는 정 과장의 실수는 반복되었고, 얼마 전엔 그로 인해 바이어와의 약속을 지키지 못해 큰 위기를 겪을 뻔했다. 그 후로부터는 도무지 말이 좋게 나오지 않는다.

사실 정 과장도 답답하기는 마찬가지다. 특별한 경우가 아니라면 업무 일정은 담당자 스스로 정하여 보고하도록 되어 있다. 즉 자신이 계획한 일정들인데도 번번이 지키지 못하고 있는 것이다. 솔직히 7년 차인 지금도 업무가 주어지면, 내가 그 일을 언제까지 해낼 수 있을지 막막하기만

하다. 정 과장은 이런 자신이 한심하게 느껴진다. 이럴 때마다 회사 생활이 적성에 맞지 않는 건 아닌지 우울한 고민에 빠진다.

◇◇◇

최 과장은 13년 차 직장인이다. 이제 이 분야만큼은 자신보다 많이, 깊게 아는 사람은 없다고 스스로 자신하고 있다. 하지만 그는 해보지 않았던 업무가 주어지면 이내 막막해진다. 어떤 프로세스와 방법으로 풀어가야 할지, 어떤 지원들이 필요한지 머릿속에 그려지지 않는다. 이럴 때면 그는 어김없이 동기인 임 차장에게 도움을 요청한다. 임 차장은 그런 최 과장이 안쓰럽지만 한편으론 한심하다. 그와 이야기하다 보면 도무지 제대로 알고 있는 것이 없다. 게다가 도움을 주고자 의견을 건네면 최 과장은 마치 평론가인 양 그건 이래서 문제고 저래서 안 된다는 말만 늘어놓는다. 이대로라면 지난해와 마찬가지로 최 과장은 또 인사평가 최하점을 받을 것이 뻔해 보인다.

정 과장은 '자신이 무엇을 할 수 있는 사람'인지 알지 못한다

정 과장과 최 과장. 왠지 이들의 모습이 낯설지 않다. 이들이 겪고 있는 문제의 원인이 무엇인지 살펴보자. 먼저 정 과장은 업무를 수행하기 위해 필요한 시간을 가늠하지 못하고 있다. 그 이유는 간단하다. 자신의 업무 역량에 대해 무지하기 때문이다. 이런 유형의 사람은 과제가 주어졌을 때 아래 다섯 가지 질문에 명확하게 대답하지 못한다.

1. 이 과제를 수행하기 위해 어떠한 역량이 필요한가
2. 내가 그 역량들을 갖추고 있는가
3. 역량이 부족하다면 나는 어떤 노력과 지원이 필요한가
4. 내가 가진 역량, 향후 더해질 노력 및 지원을 종합적으로 고려 시 주어진 시간 내 과제 수행이 가능한가
5. 가능하지 않다면 나에게 추가로 필요한 시간은 얼마나 되는가

이들은 업무 시 오로지 감과 열정에만 의지한다. '하면 되겠지!'라는 근거 없는 믿음 하나로 업무에 뛰어드는 것이

다. 그러나 알다시피 회사는 전쟁터고 업무는 치열한 전투다. 감과 열정에 기대어 일하는 것은 마치 내 손에 들려있는 무기가 무엇인지도 모른 채 생존할 수 있다는 무모한 자신감 하나로 전쟁터에 뛰어드는 행위와도 같다.

업무란 결코 감과 열성으로만 해낼 수 있는 것이 아니다. 역량이 있어야 한다. 역량의 종류는 다양하다. 영업하고 협상하는 능력, 문제를 파악하는 능력, 자료를 조사하고 정리하는 능력, 창의적으로 사고하는 능력, 보고서를 만드는 능력, 예산을 받아내는 능력, 때로는 상사의 압박을 참아낼 정신력과 야근을 버텨낼 체력까지, 모두 다 역량에 포함된다. 자신의 역량을 정확히 파악하고 있는 사람은 정 과장과 다르다. 업무가 주어지는 순간 머릿속에서 좀 전의 다섯 가지 질문에 대해 빠르게 사고하여 답을 찾는다. 그렇게 계산된 업무 일정은 정확도가 높아 조직을 혼란에 빠트리지 않는다. 또한 조직 내 신속한 공유를 통해 타 구성원들의 효율적인 일 처리를 돕는다. 이는 곧 안정감과 완성도 있는 팀 성과로 이어지며, 자신의 역량을 정확히 파악하고 있는 사람은 조직과 동료로부터 신뢰를 받게 된다.

최 과장은 '자신이 무엇을
알고 있는 사람'인지 알지 못한다

최 과장은 한 마디로 우매하다. 업무는 수많은 변수가 존재하고 과제별로 지향하는 목적과 기대하는 결과가 다르다. 즉, 매번이 새로운 경우의 수이다. 그럼에도 최 과장 같은 사람들은 자신이 경험하여 얻은 단편적 지식을 절대 선으로 여기고, 그와 다른 지식은 배척한다. 항상 자신의 지식이 모든 상황에 통용될 것이라 확신한다. 이들은 자신이 보고 싶은 것만 보고 믿고 싶은 것만 믿는 인지적 편견, 즉 확증 편향confirmation bias에 사로잡혀 빠져나오지 못한다. 우매함의 덫에 걸려든 것이다. 회사에서 인정받지 못하고 성과도 내지 못하는 사람들에게 보이는 전형적인 모습이다.

특히 이들이 우매함에서 쉽게 벗어나기 어려운 이유는 그들의 넘치는 자신감 때문이다. 자신감은 때때로 사람의 성장에 긍정적 기재로 작용하지만 모든 상황에 그러한 것은 아니다. 우매한 사람들에게 자신감은 무엇보다 위험한 독이 될 수 있다.

프랑스의 임상심리학 교수 알베르 무케베르Albert Moukheiber

는, '우리는 세상이 어떻게 작동되는지 이해하는 자신의 능력을 끊임없이 과대평가하므로, 성장을 위해서는 오히려 자신감을 감소시키는 것이 더 효과적'이라고 말한다. 그는 이해를 돕기 위해 더닝 크루거 효과[1] 라고 이름 붙여진 임상실험 결과를 우리에게 소개한나.[2]

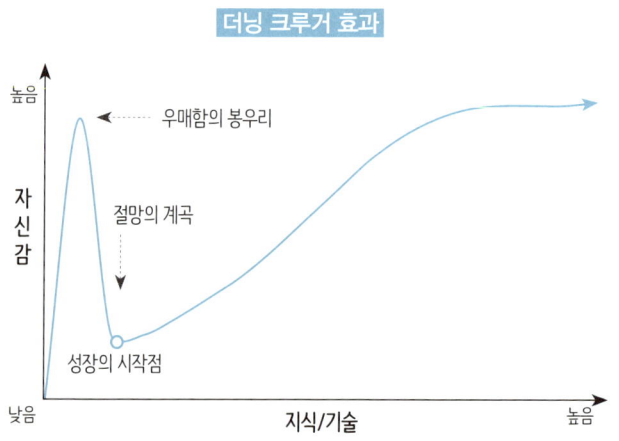

[1] 사회심리학자이자 코넬대 심리학 교수 '데이비드 더닝'과 그의 제자 '저스틴 크루거'의 실험

[2] 알베르 무케베르 저, 정수민 옮김, 『오늘도 뇌는 거짓말을 한다』, 한빛비즈, 2020, 145p.

그 결과에 따르면, 낮은 수준의 지식과 기술을 보유한 자가 자신감이 높아질수록 성장의 시작점에 도달할 확률은 점점 더 낮아진다. 우매함의 봉우리에 심취한 나머지 절망의 계곡에 뛰어들 필요성을 인식하지 못하기 때문이다. 반면 자신감이 낮은 사람은 우매함의 봉우리가 높지 않아 상대적으로 쉽게 절망의 계곡에 뛰어들 수 있다. 그 충격도 크지 않아 그들은 곧 아픔을 극복하고 성장의 시작점에서 지식과 기술의 수준을 높여나간다.

더닝 크루거 효과는 사람들에게 흔히 관찰되는 보편적 현상이다. 앞서 말한 최 과장의 경우, 자신이 무엇을 알고 있는지도 모른 채 높은 자신감만으로 우매함의 봉우리에 올라서 있는 상태이다.

자신을 객관적으로
바라볼 수 있어야 문제를 해결할 수 있다

정 과장과 최 과장. 종합해 보면 이들에게는 자신의 상태와 상황을 판단하는 객관적 사고가 결여되어 있다. 그 결과 이들은 자신이 갖고 있는 능력이 무엇인지, 그 수준은 어떠한지 알 길이 없다. 업무를 위해 본인에게 필요한 노력이 무엇인지도 알지 못한다. 또한 이들은 '나는 안다'라는 착각 속에 자신의 지식이 가치 있는 정보인지, 노이즈noise에 불과한 것인지 객관적으로 판별하지 못한다. 이와 같은 상황은 개인의 성장뿐만 아니라 조직의 성과에도 심각한 문제를 초래할 수 있다. 모두에게 해가 되는 매우 위험한 상태인 것이다.

그렇다면 이들이 지금 자신과 조직을 위해 해야 할 것은 오직 하나, 자신을 객관적으로 판단하고 평가할 수 있는 힘을 기르는 것이다. 사회과학 분야에서는 이 힘을 '메타인지Meta Cognition'라는 단어로 정의한다. 메타인지란 개념은 스탠퍼드대 심리학 교수 존 플라벨John H. Flavell에 의해 1979년 이론화되면서 사회과학 분야에서 꾸준히 활용되어 왔다. 그만큼 정의도 다양하다. '넘어서서beyond'를 뜻하는 그리스어 '메타(Meta)'에서 착안하여 '자신의 생각에 대해 판단하는 능력'이라 정의하기도 하며, '정확한 자기 인식' 정도로 풀이하기도 한다.

메타인지의 권위자인 인지과학자 스티븐 M. 플레밍Steven M. Fleming은 메타인지의 특성을 이해[3]하기 위해 현대 생물분류

학의 아버지라 불리는 생물학자 칼 린네Carl Linnaeus의 이야기를 인용한다. 칼 린네는 1735년 출간한 『Systema Naturae(자연의 체계)』에 수백 종에 이르는 생물의 특징을 상세히 기록하면서 인간Genus Homo 항목에 이르자 'Nosce te ipsum(노스케 테 입숨)'이라는 단 한 줄만을 적었다고 한다. 이는 라틴어로 '너 자신을 알라'라는 뜻으로 그는 메타인지, 즉 자신을 아는 능력을 인간의 가장 큰 특징으로 정의한 것이다.

나는 메타인지를 '자기 자신을 제3자의 관점에서 객관적으로 분석하고 판단할 수 있는 힘'이라 정의한다. 표현은 약간씩 다르지만 위 정의들의 전제는 동일하다. 이 메타인지는 '반드시' 자신의 성장을 이끄는 원동력으로 이어진다는 사실이다.

**메타인지를 높이는 첫 번째 방법,
의심하고 질문하라**

메타인지를 높이기 위해 가장 필요한 훈련은 '의심하는

3   스티븐 M. 플레밍 저, 배명복 옮김, 『나 자신을 알라』, 바다출판사, 2022.

것'이다. 컬럼비아대 비즈니스스쿨 연구에 따르면 사람은 하루 평균 크고 작은 70번의 의사결정을 한다. 한 달이면 약 2,100번, 일 년이면 약 2만 6,000번의 의사결정을 하게 되는 셈이다. 결국 우리 인생은 하나하나의 의사결정이 모여진 총합이다. 그러나 돌이켜보면 우리는 여러 가지 이유로 이 중 상당수를 직관 혹은 무의식에 내맡겨 버린다. 이는 때때로 비용과 시간을 줄이는 경제적인 방법처럼 보일 수 있다. 하지만 그것이 업무와 관련된 것이라면 직관 혹은 무의식에 맡기기보다 한 번 더 사고하고 의심해 보아야 한다. 특히 어떠한 과제가 주어졌을 때, 과제의 경중과는 무관하게 앞서 언급한 바 있는 다음 다섯 가지 질문을 매번 스스로 묻고 답해보는 습관을 길러야 한다.

1. 이 과제를 수행하기 위해 어떠한 역량이 필요한가
2. 내가 그 역량들을 갖추고 있는가
3. 역량이 부족하다면 나는 어떤 노력과 지원이 필요한가
4. 내가 가진 역량, 향후 더해질 노력 및 지원을 종합적으로 고려 시 주어진 시간 내 과제 수행이 가능한가
5. 가능하지 않다면 나에게 추가로 필요한 시간은 얼마나 되는가

이와 같은 훈련은 메타인지 능력의 향상뿐 아니라 과제에 대한 보다 신중하고 정확한 판단을 이끌어 낼 수 있다. 회사에서 나의 결정 하나하나는 곧 나를 정의하는 데이터이며, 미래의 나를 결정하는 매우 중요한 결과물임을 잊어서는 안 된다.

메타인지를 높이는 두 번째 방법, 말과 글로 설명하라

메타인지를 높이는 두 번째 훈련은 업무에 대해 누군가에게 설명해 보는 것이다. 이는 자신이 알고 있다고 착각하는 지식의 틈을 찾아내고 그 틈을 메꿀 수 있는 매우 효과적인 방법이다.

펜실베이니아대 심리학 교수 안젤라 덕워스Angela Duckworth의 연구팀은 논문을 통해 재미있는 실험 하나를 소개했다. 학부생들에게 시험에 대비해 어떤 내용을 공부하라고 알려주면서, 똑같은 내용을 다른 사람에게 가르쳐야 할 수도 있다는 얘기를 덧붙였다. 그랬더니 그렇게 하지 않았던 경우보다 훨씬 더 좋은 성적이 나왔다. 이는 가르치기, 즉 누군

가에게 설명하는 행위는 메타인지를 높여 수행성과에 긍정적으로 기여함을 보여주는 좋은 사례이다.[4]

같은 맥락으로 종종 회사에서는 핵심인재 육성 전략의 하나로써 그들에게 사내교육의 강사 역할을 부여한다. 이 전략의 핵심은 학습자들에게 양질의 교육을 제공하기 위함이 아니다. 설명하기를 통해 핵심 인재로 선발된 인력들의 메타인지를 높여 전문성과 업무 역량을 최대치로 끌어올리고자 함에 그 목적이 있다.

내가 알고 있는 지식이나 구상하고 있는 생각, 또는 누군가에게 설명해야 할 내용들을 글로 써보는 것 역시 매우 탁월한 메타인지 훈련법이다. 글이란 가장 고차원적인 인지 행위다. 평생 숫자만을 봐야 하는 수학자도, C-언어만을 써야 하는 프로그래머도, 보이지 않는 입자를 연구하는 물리학자도 결국 자신이 알고 있음을 입증하는 방법은 글쓰기이다. 사람들은 글로 쓰인 지식만을 완전성 있는 지식으로 인정하기 때문이다. 그만큼 글은 지식의 깊이와 무게를 측정하는 가장 정확한 도구이다. 회사의 업무 역시 모두

---

[4] 스티븐 M. 플레밍 저, 배명복 옮김, 『나 자신을 알라』, 바다출판사, 2022, 173p.

글로 이루어진다. 보고서, 기안문, 기획안, 메일, 메신저의 대화까지. 제대로 된 보고서를 한 번이라도 써본 사람은 단 한 페이지의 보고서를 만들기 위해 얼마나 많은 지식들이 논리정연하게 녹아들어 있어야 하는지를 잘 알고 있다.

목적, 계획, 방법, 아이디어 등 자신의 업무니 업무 관련 지식을 글로 정리해 보면 어렵지 않게 자신이 아는 것과 모르는 것이 무엇인지 판별할 수 있다. 형식은 필요 없다. 긴 줄글의 산문 형식도 좋다. 아는 것을 글로 작성해 보는 훈련을 해보자. 글은 부끄럽게도 필자의 민낯을 보여주므로, 자신이 쓴 글을 읽으며 쉴 새 없이 등장하는 논리적 비약들과 얕은 지식의 깊이에 절망할지도 모른다. 그러나 부끄러워할 필요는 없다. 이런 훈련은 메타인지를 높일 수 있는 황금 같은 기회이기 때문이다.

DELETE Key.

잘 알고 있다고 자신했지만 업무가 주어지면 이내 엄습하는 막막함으로 걱정이라면, 이제 그만 걱정을 지워버리자.
자신에 대한 공정한 관찰자가 되어야 한다. 자신의 우매함을 깨닫고 자신에 대한 편견과 왜곡에서 벗어나야 한다.[5] 이를 통한 자기 개선이 전제되었을 때 비로소 '진짜 앎'은 성립되며, 업무를 풀어가는 길이 열리게 된다. 그리고 이때부터 당신의 무한 성장도 함께 시작된다.

5 라이언 패트릭 핸리 저, 안종희 옮김, 『내 인생을 완성하는 것들』, 위즈덤하우스, 2020, 133p

(걱정 4장)

회사에서 느껴지는

부정적인 감정들은 왜 쌓여만 갈까?

벗어나고 싶다

"생존을 위해서는 부정적인 것에
집중하는 태도가 필요하지만,
번영과 발전을 위해서는
긍정적인 것에 집중하는 태도가 필요하다."

_ 리처드 보이애치스(조직행동 및 심리학 교수)

항상 외력보다
내력이 더 세게

　잠들어 있는 시간을 제외하면 우리는 하루의 절반 이상을 회사에서 보낸다. 아무리 삶과 분리하려 해도 분리할 수 없다. 인생과 가장 가까이 맞닿아 있는 곳, 그곳이 바로 회사이다.

　그러나 아이러니하게도 우리는 회사를 불편해한다. 회사에서 발생하는 상황 하나하나에 촉각을 곤두세우고 예민하게 반응한다. 나에게 벌어지는 억울하고 짜증 나는 일들로 술에 기댄 저녁이 한두 날이 아니다. 하루에도 수차례 퇴사를 고민하고, 출근길 그 설렘을 잃은 지 오래다. 이렇게 고달픔이 이어지다 보면 어느새 머릿속은 온통 쉬고 싶은 마음뿐이다. 돈이라는 현실의 벽에 부딪혀 다시금 구두끈을 매어보긴 하지만 사실 우리는 회사에서 매일 매일이 위기이고 고비이다.

유독 회사가 이렇게 힘든 이유는, 회사 생활 중에 발생하는 부정적인 감정들이 소거되지 않고 쌓이기 때문이다. 안 좋았던 기억들은 좀처럼 사라지지 않고 우리를 괴롭힌다. 예를 들어, 어떤 일로 인해 팀장에게 심한 감정의 상처를 입은 팀원이 있다면, 시간이 흘러 둘 사이의 표면적인 갈등은 해소될지언정 팀원은 팀장을 볼 때마다 두고두고 그때의 기억이 떠오른다. 잊어보려 해도 잊히지 않는다. 이것이 반복되다 보면 그는 트라우마를 극복하지 못하고 어느 순간 결국 퇴사를 결심하게 된다. 일상에서는 이런 경우가 있다면 나에게 상처 준 상대방을 회피해버리면 그만이다. 하지만 회사에서는 그것이 불가능하다. 누구든 싫다고 피할 수가 없다. 그래서 상처가 아물 틈이 없다.

**부정적인 감정의 기억들은
결코 쉽게 사라지지 않는다**

팀원이 팀장에게 부정적인 감정을 느꼈던 그날을 잊지 못하는 것은 뇌가 그렇게 프로그래밍 되어 있기 때문이다.

우리의 뇌는 다양한 정보를 받아들이고 이를 종합하여 '기억'이라는 이름으로 저장하도록 프로그래밍 되어 있다. 저장 장치의 종류에는 단기기억 장치와 장기기억 장치가 있다. 우리는 살면서 보고 듣고 느끼고 생각하는 모든 것들을 기억하지는 않는다. 그랬다가는 머리가 기억으로 가득 차 깨어져 버릴 수도 있기 때문이다. 그래서 일단 우리의 뇌는 모든 정보를 단기기억 장치에 잠시 저장해 둔 후 중요도에 따라 장기기억 장치로 보낼지, 즉시 삭제할지를 결정한다. 이때 중요도를 판단하는 기준들이 있는데 그중 가장 큰 것은 바로 '감정'이다. 감정이 많이 이입된 정보일수록 장기기억으로 보내질 가능성이 높아진다. 우리가 이틀 전 입었던 옷은 기억하지 못해도 20년 전 첫사랑과의 첫 만남 때 입었던 옷은 기억해 내는 이유이다.

그런데 뇌는 신기하게도 특히 '부정적'인 감정과 결합된 기억들에 유독 더 민감하다. 이를 보다 중요한 기억으로 받아들이고 황급히 장기기억 장치로 보내버린다. 그 이유는 우리 뇌가 생존에 유리한 방향으로 작동하기 때문이다. 뇌는 부정적인 감정을 나에게 위기가 닥쳤다는 신호로 받아들인다. 그래서 향후 유사한 위기가 또다시 발생했을 때 이

전의 기억을 빠르게 떠올려 안전히 대처할 수 있도록 준비한다. 즉, 부정적인 감정과 결합된 기억들은 삭제하지 않고 긴급 상황 시 언제든 꺼내올 수 있도록 장기기억 장치로 보내버리는 것이다.

우리 뇌의 해마Hippocampus라는 곳에서 이러한 역할을 담당하고 있다. 해마는 특히 해마 끝에 자리한 편도체Amygdala가 인식하는 인간의 감정을 참고하여, 기억을 단기기억 장치로 보낼지, 장기기억 장치로 보낼지를 선택한다. 이때 편도체는 강한 감정이 수반된 사건일수록 보다 활성화되는데, 연구 결과에 따르면 긍정적인 감정보다 부정적인 감정을 무려 3배나 더 크게 인식한다고 알려져 있다.

결론적으로 부정적인 감정이 실린 기억은 더 오래, 더 정확히 남는다. 이미 저장된 안 좋은 기억은 결코 쉽게 잊히지 않고 두고두고 우리의 마음을 괴롭히는 이유이다.

명확한 자아경계와 긍정의 해석이 부정적인 감정을 막는다

몇 해 전 많은 직장인에게 울림을 준 드라마 속 대사가 있다.

"모든 건물은 외력과 내력의 싸움이야. 바람, 하중, 진동, 있을 수 있는 모든 외력을 계산하고 따져서 그것보다 세게 내력을 설계하는 거야. 항상 외력보다 내력이 세게. 인생도 어떻게 보면 외력과 내력과의 싸움이고, 무슨 일이 있어도 내력이 있으면 버티는 거야."

- 〈나의 아저씨〉(tvN, 2018) 중 -

회사에서 느껴지는 부정적인 감정들이 곧 나를 흔드는 외력들이다. 그러나 외력이 싫고 힘들다 하여 그것으로부터 벗어날 수도 없다. 이직도 답은 아니다. 이 세상에 외력이 없는 곳은 오직 암흑 우주밖에 없기 때문이다. 그렇다면 외력으로부터 버텨낼 수 있는 방법은 오직 하나, 외력보다 더 세게 내력을 키워내는 것이다. 그 순간 나는 회사에서 발생하는 부정적인 감정들로부터 나를 보호할 수 있다. 그리고 조직 안에서 흔들림 없이 나의 자리를 지키며 더욱더 강한 모습으로 살아남을 수 있다.

내력을 키우기 위한 효과적인 방법 중 하나는 '자아경계

’를 분명히 하는 것이다. '자아경계ego boundary'란 심리학 박사이자 심리치료 전문가인 크리스 코트먼Chris Cortman과 헤럴드 시니츠키Harold Shinitzky가 저서 『감정을 선택하라』를 통해 소개한 개념으로, 내가 생각하는 나와 남이 생각하는 나를 분리하여 구분할 수 있는 능력을 말한다. 이는 때때로 남으로부터 나를 보호하는 갑옷의 역할을 해준다.

'천 명의 사람이 나를 알면 나는 천 명의 다른 사람'이라는 말이 있듯이, 모든 사람들은 자기만의 독특한 방식으로 타인을 생각하고 그에 맞게 타인을 대한다. 따라서 다른 사람이 말하는 나와 진짜 나를 동일시할 필요는 없다. 다른 사람의 말이나 행동에 스스로 자책하거나 상처를 받을 필요도 없다. 이것이 곧 자아경계의 핵심이다. 그러나 만약 자아경계가 명확히 서 있지 않다면 나는 다른 사람이 내게 던지는 그 어떤 말이나 행동에 쉽게 영향을 받는다. 나를 향한 부정적인 말을 들었을 때 쉽게 상처를 받는다. 그것이 진실이 아니더라도 마치 진실인 것처럼 받아들여진다. 반대로 자아경계가 명확히 서 있는 사람은 자신에 대한 부정적인 말에도 쉽게 상처받지 않는다. 그건 단지 그 사람의 주관적인 생각일 뿐 나를 정의하는 진실이 아님을 알고 있기 때문이다. 따라서 진실이 아닌 것에 흔들리거나 분개할 필요도 없어진다. 그건 불필요한 감정 소모일 뿐임을 알기 때문이다.

예를 들어보자. 나는 순수한 선의로써 상사의 잔업을 도왔다. 그런데 이 행동을 보고 누군가가 나에 대해 '좋은 평가를 받기 위해 아첨이나 하는 인간'이라고 욕을 했다면 나는 어떤 감정이 들까? 끓어오르는 분노를 삭이지 못해 몇 날 며칠을 안 좋은 기분으로 보내는 사람도 있고, 억울함을 참지 못해 매일 밤 그에게 복수할 계획을 세우며 잠을 설치는 사람도 있을 것이다. 그러나 이때 자아경계가 명확히 서 있는 사람은, '그건 단지 그의 생각일 뿐 진실은 아니다. 그러나 남이니까 진실과 다르게 생각할 수도 있다'라고 받아들인다. 단지 그뿐이다. 부정적인 감정을 느낄 이유도, 그로 인해 상처받을 이유도 없다. 즉 당신은 명확한 자아경계로 당신의 감정을 스스로 선택해 낸 것이다.

내력을 키우기 위한 또 다른 방법은 관점을 바꿔 상황을 긍정적으로 해석하는 것이다. 예를 들어 회사에서 한 임원이 구성원들에게 신상품 아이디어의 기획을 주문했다고 가정해 보자. 임원은 최적의 선택을 위해 각자 총 세 개의 안을 준비하도록 지시했다.

이 상황을 두고 A 팀원은 야근하는 내내 이렇게 생각했다.

'임원이라면 처음부터 명확하고 구체적으로 신상품의 방향과 컨셉을 주문했어야 하는 거 아냐? 그랬다면 그에 맞는 딱 한 가지 안만 준비하면 되었을 텐데, 임원의 능력이 부족한 탓에 한 개도 만들기 힘든 안을 세 개나 만들어야 하잖아. 짜증과 분노가 솟구친다, 정말.'

반면 B 팀원은 야근을 하며 이렇게 생각했다.

'비록 최종적으로는 한 개의 안만이 선택되겠지만 어쨌든 나의 아이디어를 임원과 사람들에게 세 개나 보여줄 수 있다는 것 아닌가. 나의 능력을 보여줄 절호의 기회다. 한번 제대로 만들어 보자.'

위 상황은 동일한 외력으로부터 전혀 다른 감정을 느끼는 두 사람을 보여주고 있다. 그렇다. 우리가 회사에서 느끼는 여러 부정적인 감정 중 상당수는 외력 그 자체보다 그 외력을 받아들이는 우리의 생각들로부터 비롯된다. 부정적인 감정을 줄이기 위한 가장 효율적인 방법은, 내 앞에 놓인 짜증과 고통의 상황을 스스로 긍정적인 방향으로 합리화하는 것이다. 생각을 통해 감정을 선택하는 것이다.

셰익스피어는 말했다.

"세상에 좋고 나쁨은 없다. 다만 생각이 그렇게 만들 뿐이다."

DELETE Key.

회사에서 쌓여만 가는 부정적인 감정들 때문에 걱정이라면, 이제 그만 걱정을 지워버리자.
회사는 앞으로도 수많은 외력들로 당신을 힘들게 만들 것이고, 내력이 약해 버티지 못하면 당신의 상처는 커져만 갈 것이다. 자아경계를 세우고 긍정적인 관점으로 상황을 해석하자. 이는 부정적인 감정들을 차단해 버리는 가장 효과적인 방법이자 내력을 키우는 가장 확실한 방법이다. 이를 통해 당신은 안 좋은 기억 하나가 장기기억장치로 보내짐을 막아낼 수 있다.

(걱정 5장)

나에겐 너무 복잡한 문제들,

좀처럼 해결책이

떠오르지 않는다

"가장 중요한 것을 가장 중요하게 두는 것이
가장 중요하다."

_ 사라 엘리자베스 루이스(하버드대 인문학부 교수)

처음으로 돌아가야
끝이 보인다

　부동산관리회사가 있다. 이 회사가 관리하는 한 빌딩에 얼마 전부터 임차인들의 불만이 끊이질 않고 있다. 엘리베이터가 낡고 느려서 너무 오래 기다려야 하기에 이 불편한 문제가 해결되지 않는다면 임대차계약을 갱신하지 않겠다고 강력히 항의 중이다.
　이에 관리회사의 설비전문가들은 신속히 해결책을 찾아내었다. 리프트를 통으로 교체하거나 해외에 있는 제조사에 요청해 모터를 최신 모델로 업그레이드하는 방식이 안으로 제시되었다. 해당 방식들로 분명 엘리베이터의 느린 속도 문제는 해결이 가능해 보였다. 그런데 문제는 둘 다 너무 큰 비용과 시간이 필요하다는 것이다. 게다가 몇몇 공사는 안전상의 이유로 많은 보강 작업이 진행되어야 한다.

복잡한 인허가 절차도 필요해 보인다. 현실적인 문제들로 인해 관리회사의 실무자들은 다시 깊은 고민에 빠졌다.

◇◇◇

회사에서의 모든 업무는 결국 이처럼 복잡하게 얽혀 있는 상황들 가운데 최적의 문제해결 방안을 찾아내는 과정이다. 예를 들어, 영업 업무는 '어려운 시장 환경 속에서 어떻게 하면 매출을 끌어올릴 수 있을 것인가'의 문제를 해결해야 한다. 지원 업무는 '더 큰 영업 성과를 내기 위해 한정된 예산 내 가장 필요한 지원이 무엇인가'라는 문제를 해결해야 한다. 생산라인에 서 있는 누군가는 매일 이렇게 생각할 것이다.

'어떻게 하면 불량 문제를 해결하면서 생산량을 보다 높일 수 있을까?'

우리가 하고 있는 업무가 무엇인지와는 상관없이, 기본 원리는 동일하다. 문제를 해결해야 성과를 낼 수 있다.

회사에서 문제를 해결하는 방법은 다양하다. 벤치마킹을 할 수도 있고, 시나리오 플래닝(주요 이슈에 대해 다양한 변수와 불확실성 요인들을 조합 후 발생 가능한 미래를 여러 가지로 예측해 보고 그에 따라 문제해결 전략을 수립하는 기법)도 매우 효과적인 방법이 될 수 있다. 어떤 조직은 제왕적 리더십에 의지해 문제해결 방안을 찾아내기도 한다. 내가 있던 회사에서는 어떤 문제가 발생하면 주요 실무자들을 참여시켜 워 게임(War game)을 진행하곤 했다. 워 게임이란 일종의 시뮬레이션 프로그램이다. 회사 역할을 맡은 한 참여자가 회사가 처한 문제의 해결 방안을 제시하면, 여러 참여자가 다양한 적(이를테면 경쟁사, 부정적인 언론과 소비자 등)의 역할을 맡아 그 해결 방안을 공격하는 방식이다. 이를 여러 차례 거치다 보면 보다 탄탄하고 완성도 높은 문제해결 방안을 찾아낼 수 있다.

그런데 안타깝지만, 우리 업무 중 발생하는 보통의 문제들을 모두 다 위와 같은 조직적이고 체계적인 방법을 통해 해결할 수는 없다. 시간도 충분치 않으며, 누구의 도움을 받는 것도 결코 쉬운 일이 아니다. 문제를 해결해야 하는 것은 오직 담당자 본인의 몫이다. 회사에서도 이를 잘 알고 있다. 그래서 회사는 여러 문제 상황들을 잡음 없이 영리하게 잘 처리해 내는 사람을 소위 '핵심인재'라고 일컫는다.

그리고 매우 가치 있는 구성원으로 인정해 주며 그에 따른 보상을 하기도 한다.

이러한 측면에서 지금부터 소개할 리프레이밍reframing은 직장인들에게 매우 매력 있는 문제해결 방법이다. 그 어떤 시스템이나 그 누군가의 도움도 필요로 하지 않기 때문이다. 긴 시간이 필요하지도 않다. 필요한 것은 오직 하나, 담당자인 나 자신의 '조금 다른 생각'뿐이다. 그러나 만약 이를 통해 리프레이밍에 성공할 수만 있다면, 당신은 많은 이들의 주목을 받는 창의적이고 혁신적인 문제해결의 주인공이 될 수 있다.

처음으로 돌아가
근본적인 원인에 집중하라

덴마크 출신 경영컨설턴트 토마스 웨델 웨델스보그Thomas Wedell-Wedellsborg는 『하버드 비즈니스 리뷰Harvard Business Review』에 "당신은 맞는 문제를 풀고 있습니까?Are you solving the right problems?"[1]

---

[1] 하버드 비즈니스 리뷰, 2017. 1호.

라는 제목의 아티클로 '리프레이밍'을 소개한 바 있다. 그는 리프레이밍의 핵심을 '처음으로 돌아가 새로운 틀로 문제를 다시 풀어보는 것'이라 말한다. 문제로 인해 발생한 당장의 결과를 어떻게 해결할 것인가에 집중하기보다, 관점을 전환하여 문제를 발생시키는 원인부터 찾고 그 원인을 해결함에 집중하는 것이다. 그 대표적인 예시가 서두에 소개했던 부동산관리회사가 처한 문제이다. 그 회사는 리프레이밍을 통해 아래와 같이 문제를 해결해 냈다.

◇◇◇

회사의 전문가들은 다시 모여 '리프레이밍'을 시작했다. 문제의 원인을 다시 찾기 시작한 것이다. 그들은 관점을 전환하여 문제의 원인을 다음과 같이 재정리하였다.

"문제의 원인은 엘리베이터의 느린 속도가 아니다. 기다림의 시간으로부터 오는 '지겹다'라는 사람들의 감정이다."

문제를 이렇게 리프레이밍하는 순간 해결 방법은 이전과 비교할 수 없을 정도로 많아지게 되었다. 엘리베이터 홀에 거울을 부착하거나 음악을 틀어주는 것, 손 세정제를 비치하는 것, 재미있는 숏클립 영상을 제공하는 것, 주식 관련 뉴스를 실시간으로 보여주는 것 등. 결과적으로 이는 놀랍도록 효과적인 조치로 판명되었다. 사람들은 흥미로운 대상이 주어지면 시간의 흐름을 잊어버리기 때문이다. 이후 사람들에게 엘리베이터의 속도는 더 이상 문제가 되지 않았다.

위 사례에서 등장하는 회사의 담당자들은 현재 드러나 보이는 문제의 풀이에 집착하지 않고 리프레이밍을 통해 문제의 원인을 재정의하였다. 그리고 그 결과 훨씬 더 적은 시간과 비용으로 문제를 완벽히 해결해 내었다. 최대 효율의 성과를 달성한 것이다. 아마 리프트를 교체하였거나 모터를 업그레이드하는 방안으로 결론을 내었다면, 그것들이 완료되기도 전에 임차인들은 모두 건물을 떠났을지도 모른다.

기업들은 다양한 방법으로
리프레이밍의 성과를 올리고 있다

우리가 아는 테슬라Tesla의 창업자 일론 머스크Elon Musk는 리프레이밍을 통해 많은 성과를 이뤄냈다. 그가 직원들에게 강조하는 '제1원칙 사고법Arguing from First Principles'이란 것이 있다. 문제를 바라볼 때 현재의 현상만을 보지 말고 처음으로 돌아가 근본적 문제를 파악한 후 다시 문제를 해결해 보자는 사고법이다. 리프레이밍의 원리와 매우 닮아있다. 그의 리프레이밍을 단계화하면 아래와 같다.

1단계: 현재의 문제를 정확히 이해한다.
2단계: 처음 상태로 돌아가 근본적인 문제의 원인을 규명한다(예: 완성품을 다시 부품 상태로 분해해 본다).
3단계: 규명된 원인들을 해결할 수 있는 플랜을 개발한다.
4단계: 문제가 해결될 때까지 플랜을 반복하여 실행한다.

이를 가장 잘 적용한 것은 일론 머스크가 설립한 우주기업 스페이스엑스SpaceX이다. 화성 이주 프로젝트에 대한 열망을 놓지 않았던 그는 첫 시작으로 러시아의 낡은 로켓을 사고자 했지만, 터무니없이 높은 가격에 크게 좌절하고 말았다. 그는 이 문제를 해결하기 위해 신규 공급망을 개척하는 방법, 그의 부를 담보로 많은 돈을 투자받아 낡은 로켓 구입에 매진하는 방법 등을 고민했다. 하지만 그는 이 문제를 보다 근본적으로 해결하고 싶었다.

그는 관점을 바꿔 처음으로 돌아가 '로켓이 왜 비싼 것인가'라는 문제에 집중하기 시작했다(1단계). 그리고 로켓의 구성체 하나하나를 잘게 분해해 살펴봤다. 그 결과 로켓의 1단 발사체 개발에 막대한 비용이 들어가지만 한번 쓰고 고철로 버려지는 일회성 소모품에 불과하다는 것을 발견했다(2단계). 그는 이때부터 로켓의 1단 발사체 재활용 연구에 집중했고(3단계) 스페이스X를 설립한 지 13년 만인 지난 2015년, 드디어 재활용 로켓을 성공시켰다(4단계). 오늘날 그가 개발한 1단 발사체는 로켓 발사 후에도 산산조각 나지 않고 지상 및 무인 바지선에 착륙한다. 그리고 이는 회수되어 약간의 개발과정을 거쳐 매우 안전한 1단 발사체로 재활용된다. 그의 리프레이밍은 성공했고, 덕분에 그는 회당 10억 달러가 발생하는 NASA 로켓 대비 90% 이상 저렴한 비용으로 로켓을 우주에 보낼 수 있게 되었다. 2024년 기준, 전 세계 각국에서 발사된 우주 로켓은 총 259대이며,

그중 절반이 넘는 136대는 스페이스X의 것이다.

◇◇◇

때때로 우리는 일상 속에서도 리프레이밍의 사례를 접할 수 있다. 몇 해 전 나는 미국 여행 중 반스앤노블[2]에 들러 고민 끝에 두 권의 책을 선택했다. 몇 권의 책을 더 고르고 싶었지만, 책을 살펴볼 시간도 부족했고, 잘못 선택했다가는 무거운 짐만 될 것 같아 아쉬움을 뒤로 한 채 계산대 앞에 섰다. 점원은 내가 여행자임을 인지한 듯 별다른 질문 없이 계산대 위 바코드 몇 개를 찍더니 이런저런 쿠폰을 사용해 25% 할인을 적용해 주었다. 그리고 긴 영수증을 나에게 내밀었다. 할인된 금액이 결코 적지 않았다. 그의 호의가 고마워 인사를 건넸다.

"Thank you for helping me."

내 인사를 들은 직원은 다음과 같이 대답했다.

"I included something else that could help you at the

---

[2] Barnes & Noble, 미국에서 가장 많은 오프라인 매장을 보유한 서점 체인

end of that receipt. I hope you travel home safely."(영수증 끝을 보면 또 다른 도움이 있어요. 무사히 돌아가시길 바랄게요!)"

그렇게 짧은 인사를 마치고 미리 불러놓은 택시에 올라탔다. 한숨 돌린 후 조금 전 그 직원의 말을 되새겨봤다. '뭐라고 했지? 영수증? 분명히 영수증의 끝이라고 한 것 같은데...?' 나는 아직 손에 들려있던 영수증을 다시금 살펴보았다. 길고 긴 영수증을 훑고 내려가던 중 마지막 부분에 이르자, 다른 곳의 영수증에서는 볼 수 없던 큰 폰트의 볼드체 문장 한 줄이 눈에 띄었다.

"YOU MAY ALSO LIKE..."

우리말로 하면 "당신이 이 책도 좋아할 것 같아요."
그리고 이 문장 밑으로는 총 다섯 권의 책 제목과 작가명이 적혀있었다. 그것은 반스앤노블이 나에게 보내는 추천 도서 리스트였다. 다음날 공항 가는 길에 다시 그 서점에 들렀다. 영수증을 꺼내어 추천 도서들을 찾아 꺼내보았다. 살펴보니 그 책들 속에는 내가 찾고자 했던 대부분의 내용들이 담겨있었다. 기대 이상의 내용들도 있었다. 그렇게 나는 다섯 권 모두를 구매해 서점을 나왔다.

사실 미국의 오프라인 서점들 역시 국내 서점들과 마찬가지로 큰 위기를 맞고 있다. 포노사피엔스[3]의 줄어들고 있는 독서량, 전자책의 보급, 아마존Amazon의 빠른 배송 시스템 등이 그 원인이다. 반스앤노블은 이 위기를 타개하기 위해 여러 문제해결 방법을 고민했다. 대표적인 것이 사람들이 찾아오도록 서점을 편히 쉴 수 있는 공간으로 만드는 것이었다. 그래서 서점 내 카페를 입점시키고, 안락한 의자들을 비치하고, 위압감 느껴지는 높은 서가 대신 낮고 밝게 색칠된 서가를 설치했다. 하지만 이것만으로는 사람들을 서점으로 찾아오게 만들기는 역부족이었다. 이윽고 반스앤노블은 '리프레이밍'을 시도했다. 처음으로 돌아가 오프라인 서점의 책 판매량 부진을 새로운 관점으로 다시 분석했다. 그 결과, 그 원인을 단순히 '사람들이 서점을 찾지 않아서'가 아니라 '사람들은 자신이 어떤 책을 구매해 읽어야 할지 몰라서'로 재정의하였다. 매출 부진이라는 결과보다 책

---

[3] phono sapiens, '스마트폰(smartphone)'과 '호모 사피엔스(homo sapiens: 인류)'의 합성어이며 휴대폰을 신체의 일부처럼 사용하는 세대를 뜻함

구매의 근본적인 원인에 집중한 결과이다.

이 같은 문제의식을 바탕으로 개발된 반스앤노블의 추천 책 서비스 'You may also like…'는 책 구매자들의 높은 만족감을 불러왔다. 현재 반스앤노블은 아마존의 건재에도 불구하고 미국 전역에 600여 개의 매장을 운영하며, 미국 최대 서점으로 굳건히 자리매김하고 있다.

◇◇◇

자, 지금 맡은 업무에 문제가 생겨 방법을 찾아야 하는데 도무지 해답이 떠오르지 않는가? 얼마 남지 않은 시간이 점점 더 목을 죄어오는데, 드는 생각이라고는 모두 다 오래 걸리거나 큰 비용이 드는, 현실 가능성 낮은 것들뿐인가?

그렇다면 이제는 관점의 변화가 필요한 때이다. 리프레이밍을 통해 결과가 아닌 원인에 초점을 맞춰 새로운 틀로 문제를 바라볼 때이다. 지금 당장 현재의 문제 풀이를 멈추고 스스로 질문해 보자.

"나는 지금 맞는 문제를 풀고 있는가."

DELETE Key.

복잡하고 풀리지 않는 문제들이 가득 쌓여 있는데, 도움받을 곳은 없고 마땅한 해결 방법을 찾을 수가 없어 걱정이라면, 이제 그만 걱정을 지워버리자.

어차피 문제는 내가 해결해야 한다. 관점을 바꾸자. 현상을 어떻게 해결할 수 있을까에 대한 고민은 지우고, 문제의 진짜 원인이 무엇인가에 보다 집중해 보자. 처음으로 돌아가 문제를 '리프레이밍'해보는 것이다. 그럼 새로운 아이디어는 반드시 떠오른다. 문제해결의 끝이 보이는 순간이다.

걱정 6장

오늘도 야근 한 스푼…

나는 효율적으로

일하는 법을 모르는 걸까

"효율이란 적절한 일을 하는 것을 말한다."

_ 토머스 K. 코넬란(미시간대 경영대학원 교수, 고객서비스 분야 권위자)

아직도 효율이란 허상에 속고 있는가

 어느 날 반가운 전화 한 통이 왔다. 양 과장이었다. 그와는 이전 회사에서 2년 정도 함께 근무했다. 길지 않은 기간이었지만 가장 바쁠 때 함께 했었고 그 와중에도 항상 밝았던 친구라 좋은 기억이 많다. 그래서인지 오랜만이었지만 큰 어색함 없이 인사를 주고받았다. 그때 마침 지인으로부터 그가 오랫동안 꿈꿔왔던 대형 IT기업으로의 이직에 성공했다는 소식을 들었던 기억이 떠올랐다.

 "참, 양 과장 이직했죠? 소식은 들었습니다. 꼭 들어가고 싶어 했던 회사로 알고 있는데, 축하해요. 회사는 좀 어때요?"

하지만 이내 급격히 어두워진 그의 목소리가 들려왔다. 항상 밝았던 그에게 느껴지는 우울함이 낯설고 당황스러웠다.

"안 그래도 그것 때문에 전화를 드리게 되었어요. 입사하고 보니 지금 회사는 밖에서 느끼던 것과는 달리 매우 보수적이고, 의사결정 단계나 업무체계들도 복잡해서 효율적으로 일하기가 어렵습니다. 이런 회사에서는 제가 갖고 있는 능력을 발휘하기도 어렵고 성과도 빨리 낼 수 없을 것 같아요. 여기는 제 커리어 쌓기에 적당한 곳이 아니라는 생각이 듭니다. 사실 앞선 회사들도 비효율이 심해서 이직을 결심했던 건데... 아시겠지만 저는 연봉도 직급도 특별히 바라는 것 없습니다. 일을 효율적으로 할 수 있는 회사라면 충분합니다. 여기도 답이 아니라면, 저는 어떤 회사로 가야 할까요? 이직할 때 회사의 무엇을 가장 먼저 살펴야 할까요? 벌써 3번째 이직이라서 이젠 정말 신중히 결정해야 할 것 같습니다."

양 과장은 열정이라는 단어를 빼놓고는 설명이 되지 않을 정도로 매사 가진 에너지를 모두 쏟아내 일하던 친구였다. 덕분에 인사평가도 좋았고 직원들과의 관계나 평판도 훌륭했다. 그래서 이직 소식을 들었을 때도 별걱정 없이 새로운 회사에서의 좋은 앞날을 응원해 주고 있었는데, 우울함에 가득 찬 그의 전화가 매우 안타까웠다. 그에게 무언가라도 도움을 주고 싶었다.

우리는 효율에 대해
잘못 정의하고 있다

나는 이 문제에 관해 양 과장과 이야기하기 전 우선 그가 생각하는 '효율적으로 일한다는 것'의 정의가 궁금했다. 그의 답은 이러했다.

"효율적으로 일한다는 것은, 같은 결과를 내더라도 보다 쉽고 빠르며 더 적은 노력으로 일할 수 있는 상태를 뜻합니다. 이는 모든 직원들이 바라는 것이지요. 회사는 이러한 환경을 만들어 주기 위해 노력해야 할 책임이 있다고 생각합니다."

언제부터인가 직원들과 면담을 하다 보면 '효율적으로 일하기 힘든 업무환경'을 이직 결심의 첫 번째 원인으로 꼽는다. 그런데 이러한 고민을 토로하는 직원들에게 도움을 주기가 쉽지 않다. 같은 조직 안에서 꾸준히 성장하며 높은 성과를 내고 있는 이들도 존재하기 때문이다. 업무환경이란 조직 내 모든 구성원에게 동일하게 작동할 텐데, 왜 누군가는 이직을 고민해야 할 정도의 비효율이 누군가에게는 어떤 장애 요소도 되지 않는 것일까?

우리는 이 문제를 풀기 위해서 효율이란 단어부터 다시 살펴볼 필요가 있다. 효율이란, 사전적 정의로 '내가 투입한 노력과 그로 인해 얻은 결과의 비율'이다. 공식으로 표현하면 다음과 같다.

$$효율 = \frac{결과}{노력}$$

그런데 이와 같은 정의는 많은 사람들에게, 효율적으로 일하기 위해서는 노력을 줄여야만 한다는 인식을 갖도록 만들었다(분모를 작게 만드는 것이다). 다시 말해, 같은 결과를 낼 때 그 과정에서 노력이 덜 투입된다면 보다 효율적이라는 의미다. 생각해 보자. 정말 노력을 줄일 수 있다면 일의 효율은 높아지는 걸까? 언젠가 나와 함께 일했던 우 차장의 이야기를 들어보자.

우 차장은 A 본부의 경영기획을 담당하고 있다. 그의 가장 큰 업무는 3분기 종료 후 본부 내 각 영업점의 내년도 영업목표와 인력운영계획을 취합, 정리하는 것이다. 수십 개가 넘는 영업점에 일일이 메일을 발송하는 건 여간 귀찮은 업무가 아니다. IT 시스템만 만들어 오픈하면 해결될 것 같은, 우리가 평소 비효율적이라고 느끼는 대표적인 업무를 그가 맡고 있다.

그런데 우 차장은 전임 담당자들과 사뭇 달랐다. IT 시스템의 부재에 대해 투덜거리지도 않았다. 대신 그는 각 영업점이 최선의 성과를 만들어 낼 수 있는 방법을 매일 같이 고민했다. 그리고 그 해 3분기가 지나자, 그는 영업점들에 다음 4개의 파일을 첨부하여 〈영업목표 및 인력운영계획 수립 요청〉 메일을 발송하였다.

1. 최근 해당 지역의 인구수 및 연령대 변화 추이
2. 인근 공공주택 및 상권 개발 현황

3. 연령대별 소비트렌드 리포트
   4. 물가 및 금리 예상 리포트

　이는 그동안 발송되었던 메일에서는 전혀 찾아볼 수 없던 것들이었다. 절저히 우 차장의 아이디어였다. 언뜻 큰 노력을 요하는 자료들 같아 보여도 실은 몇몇 공공 및 민간 연구기관의 통계를 다운받아 지역별 정렬만 하면 되는 데이터들이었다. 우 차장의 입장에서는 기존 대비 약간의 노력만 추가하면 가능한 것들이었다.
　그런데 영업점들은 이 자료들 덕분에 단순히 촉에 의지하여 근거 없는 영업목표와 인력계획을 회신하던 과오를 반복하지 않게 되었다. 이를 계기로 영업점들마다 직원들이 다 함께 모여 데이터 기반의 사업계획을 수립해 나가기 시작했으며, 이는 타 본부로도 빠르게 전파되어 이듬해부터는 회사 내 모든 본부가 이 방식을 벤치마킹하게 되었다. 덕분에 회사는 이전보다 치밀하고 전략적인 영업 활동과 효과적인 조직 운영이 가능하게 되었다. 뿐만 아니라 쓸데없는 영업비 및 인건비의 낭비를 하지 않아 이익을 큰 폭으로 높일 수 있었다.

이제 다시 생각해 보자. 우 차장은 기존 담당자들보다 더 많은 노력과 시간을 투입하였는데, 그의 업무를 비효율적이었다고 과연 말할 수 있을까? 분모인 노력이 커졌으니 효율이 줄었다고 말할 수 있는 것일까?

회사의 세계는 수학 공식처럼 단순하지 않다. 회사에서는 그 무엇보다 일의 성과가 최우선이다. 노력의 크기보다 얼마나 더 재무적으로 가치 있는 결과를 만들어 내느냐가 훨씬 중요한 문제이다. 이는 우리에게 일의 효율을 높이기 위해서는, 분모가 아닌 분자를 키우는 쪽에 보다 집중해야 함을 말해 준다.

효율에 대한 관점을 성과 중심으로 리셋reset해야 한다

요컨대 효율적으로 일하기의 본질은 '어떻게 하면 노력을 줄일 수 있을지'가 아닌 '최대 결과를 가져오기 위해 어떻게 노력해야 할지'에 달려 있다. 회사에서 최대 성과를 가져오지 못하는 노력은 그 양이 많든 적든 효율을 논할 가치가 없다.

$$효율 = \frac{결과^n}{노력}$$

효율 공식을 회사 생활에 적용 가능하도록 수정해 보았다. 이 식에 따르면, 효율을 높이기 위해서는 분모(노력)를 줄이는 것보다 분자(결과)의 값을 높이는 것이 훨씬 더 효과적이다. 분자의 값은 n제곱으로 움직이기 때문이다. 이제야 보다 현실적인 공식이 되었다.

세계에서 가장 유서 깊은 사전으로 평가받는 옥스퍼드 대사전에서는 효율Efficiency을 '목적을 달성하거나 성공에 도달하기 위한 적합하고 적절한 힘Fitness or power to accomplish, or success in accomplishing, the purpose intended; adequate power'으로 정의한다. 노력의 양보다는 성공적인 결과에 초점을 맞추고 있음을 알 수 있다. 실제로 'efficiency'의 어원은 라틴어 'efficere'인데 이는 '성취하다', '해내다', '만들어내다'라는 뜻을 갖고 있다. 어원을 살펴봐도 'efficiency'는 과정보다 결과에 주목하고 있다. 하지만 어떤 이유에서인지 우리는 효율이란 단어를 떠올리며 유독 결과보다는 과정에 집착한다. 결과는 뒷전인 채 노력(양, 속도, 에너지 등)을 줄여야 효율적인 것이라는 잘

못된 프레임에 매몰되어, 정작 중요한 것이 무엇인지 놓치고 있는 것이다.

결국 일의 효율은 회사가 아닌 나 자신이 결정하는 것이다. 효율의 정의에 대한 우리 스스로의 리셋이 없다면 어떤 회사에 가서도 비효율적인 체계와 조직문화에 실망할 수밖에 없다. 나는 양 과장에게 우 차장의 사례를 이야기해 주며, 효율이란 단어의 리셋을 권유했다. 그리고 덧붙였다.

"양 과장, 우리 더 적게 일하는 사람으로 기억되기보단 더 좋은 결과를 만들어 내는 사람으로 기억되는 건 어떨까요? 그래야 비로소 우리의 가치도 높아질 수 있을 겁니다. 효율적으로 일하는 사람으로서 말이죠."

DELETE Key.

노력의 양을 줄일 수 있는 효율적인 업무 방법을 찾지 못해 걱정이라면, 이제 그만 걱정을 지워버리자.
시간 낭비일 뿐이다. 노력의 양을 줄이는 것은 회사와 당신을 위해 아무런 도움도 되지 않는다. 기억하자. 최대의 효율은 노격이 아닌 결과에 달려 있다. '얼마나 더 가치 있는 결과를 만들어 내는가.' 오직 그것에만 집중하자.

걱정 7장

업무 스트레스로

죽을 지경이다.

줄여야 할까 버텨야 할까

"때때로 휴식은 당신이 할 수 있는 가장 생산적인 일이다."

_ 마크 블랙(회복탄력성 전문가)

냉정과
열정 사이

업무란 기본적으로 현재 수준 이상의 성과를 요하는 매우 도전적인 생산 활동이다. 따라서 세상에 쉬운 업무란 존재하지 않는다. 언제나 빠듯한 목표가 있고 그것을 향한 예민하고 아슬아슬한 줄타기가 반복된다. 때로는 숨이 가쁘고 등줄기에 땀이 흐른다. 그러다 보니 나의 업무가 능력 부족 또는 외부 요인들(예를 들어 리더와의 소통 오류, 동료와의 갈등, 과도한 업무량 등)에 의해 방해받는 경우에 놓이면, 우리는 여러 가지 불편한 감정들과 맞닥뜨리게 된다. 부담과 긴장감, 초조함과 불안감, 짜증과 답답함, 원망과 자책감 등과 같은 심리적 불안과 고통을 경험하게 되는 것이다. 때로는 외부 요인을 유발하는 누군가를 죽이고 싶을 만큼 미워하는 감정도 생긴다. 업무로 인해 발생하는 이 모든 불편한 생각과 감정들 하나하나를 우리는 '업무 스트레스'라고 부른다.

　나는 30대 후반 무렵, 과도한 업무 스트레스에 시달려 거의 일 년 동안을 하루에 1~2시간밖에 못 자는 불면증에 시달렸던 적이 있다. 겨우 잠든 나를 다시 깨워내는 아침 알람 소리가 그토록 괴로웠던 적이 없었다. 이대로는 도저히 안 되겠다는 생각이 들어 정신과를 찾았다. 점심시간 1시간 전부터 대기실은 이미 직장인들로 꽉 차 있었다. 스마트폰을 바라보며 연신 한숨을 내뱉는 사람들 때문에 대기실 공기청정기의 빨간 경고등은 사라질 기미가 보이지 않았다. 그렇게 긴 시간을 기다려 의사와 10여 분의 상담을 마치면 2주 치의 약을 받을 수 있었는데, 그때 약 봉투를 바라보며 나 혼자 중얼거린 그 말을 아직도 잊을 수가 없다.
　"아, 나 아픈 거였구나...."

업무 스트레스에 보다
민감하게 반응하는 사람이 되어야 한다

그렇다. 스트레스는 곧 병이다. 그래서 우리는 업무 스트레스에 보다 민감하게 반응하는 사람이 되어야 한다. 스트레스의 강도가 커지고 기간이 길어지면 우리의 몸은 정상적인 활동을 멈춘다. 여러 기능에 문제가 생기며, 심각할 경우 중증 질환까지 유발할 수 있다.

자, 우리가 회사에서 경험했던 극심한 스트레스 상황을 떠올려 보자. 이틀 동안 업무 때문에 집에도 못 들어가고 겨우 마무리할 때쯤 팀장이 급하다며 새로운 업무를 던져줄 때, 계약을 앞둔 바이어가 어처구니없는 악성 갑질 요구를 일삼을 때, 중요한 미팅을 위해 준비해 간 자료들에서 심각한 오류가 있음을 발견했을 때, 약속 시간을 불과 10분 앞두고 도저히 마감이 불가능함을 깨달았을 때, 경영진 앞에서 프레젠테이션 중 예기치 못한 질문과 지적에 대응하지 못해 30분을 혼나며 서 있을 때. 정말 상상조차 하기 싫은 이러한 상황 속에서 우리는 강한 스트레스를 받게 된다.

이때 우리 몸은 평소와 다른 메커니즘으로 움직이게 된다. 내가 처한 이 상황에서 벗어나기 위해 그 순간 가장 필요한 곳으로 온몸의 에너지를 집중시킨다. 위기 상황을 벗어나기에 가장 유리하도록 우리 몸을 최적화시키는 것이다. 그곳은 뇌가 될 수도 있고 근육이 될 수도 있다. 때로는 면역체계가 될 수도 있고 장기 중 어느 한 곳이 될 수도 있다. (때때로 위기 상황에서 초인적인 정신력이나 한계를 뛰어넘는 신체 능력을 발휘하곤 하는데 모두 이러한 몸의 메커니즘과 연관이 있다.) 이렇게 우리 몸이 스트레스 상황에 대처할 수 있도록 즉각 반응하는 것을 투쟁-도피 반응fight or flight response이라고 한다.

하지만 문제는 이때 발생한다. 우리 몸의 에너지 총량은 제한되어 있으므로, 이 순간 스트레스 해결에 도움 되지 않는 몸의 다른 부분들은 반대로 에너지를 잃어가게 된다. 자연히 그 부분들이 책임져야 할 고유의 기능들은 둔화된다.

예를 들어, 회사에서 몹시 큰 스트레스를 받고 집에 온 날을 떠올려 보자. 뇌 기능이 둔화되어 오늘 있었던 다른 일들을 기억하지 못하거나 감정의 제어가 어려워져 이성적 판단이 잘 서지 않는다. 위장 기능이 약해져서 좀처럼 소화가 되지 않거나 복통 등을 경험하기도 한다. 몸의 시계가 고장 나 늦은 시간까지 잠을 이루지 못하기도 하며, 호흡에 어려움을 느껴 연신 큰 한숨을 내쉬기도 한다. 식욕, 성욕 등의 기본 욕구조차도 잊게 된다. 이러한 현상들 모두 우리 몸의 투쟁-도피 반응 때문에 일어난다.

스트레스가 지속되면 투쟁-도피 반응도 계속 이어지고, 결국 우리 몸 안에서 에너지를 잃고 비활성화되는 곳들이 점점 늘어난다. 이는 결국 몸의 불균형을 일으켜 건강 악화의 주된 원인이 된다. 결코 가볍게 볼 문제가 아니다. 만약 몸의 면역체계가 둔화될 경우 자칫 암과 같은 무서운 질병을 발생시킬 수도 있다. 또한 뇌 안의 신경전달물질이나 호르몬 기능에 영향을 줘 무기력과 우울, 상실 등에 빠지게 만들 수도 있다. 이와 같은 심리적 고통이 장기간 이어지면 심할 경우 극단적 선택까지도 떠올리게 만들 수 있다.

그래도 다행인 점은, 우리 몸은 항상성homeostasis을 갖고 있다는 것이다. 이는 깨어져 버린 평형 상태를 원래대로 되돌려 최적화된 상태로 만드는 능력을 말한다. 따라서 위기 상황이 해소되면 둔화되었던 우리 몸의 많은 부분들은 이내 정상 상태로 돌아온다. 즉 스트레스를 삭제하면 우리 몸은 건강을 위협받는 최악의 상황으로부터 무사히 빠져나올 수 있다.

업무 스트레스를 돈과
거래하려는 어리석은 발상

그런데 약물에 의존해야 할 만큼 심각한 업무 스트레스에 시달리고 있는 직원들과 상담을 하다 보면 다소 충격적인 사실을 접하곤 한다. 그들 중 상당수는 업무 스트레스를 '없애거나 줄여야 하는 것'이 아닌 '참고 버텨내야 하는 것'으로 믿고 있다는 사실이다. 그리고 그들은 입을 모아 말한다.

"스트레스를 받는 만큼 금전적 보상이 있을 겁니다. 그러니 지금보다 더 큰 스트레스가 있어도 어떻게든 버티고 견뎌내야지요...."

건강과 돈을 맞바꾸겠다는 이 어리석음에 대한 논의는 차치하고서라도, 스트레스를 버티면 과연 그 말처럼 만족할 만한 보상을 받을 정도로 업무성과를 올릴 수 있을까? 다음의 연구 결과에 주목해 보자.

미국의 심리학자이자 동물학자인 로버트 여키스Robert Yerkes와 존 도슨John Dodson은 미로로 되어 있는 상자에 실험용 쥐를 풀어놓은 후, 어느 정도의 전기 자극을 주어야 쥐가 가장 빨리 출구를 찾는지를 알아보는 실험을 진행했다. 그 결과 자극을 통한 각성 정도가 아주 약하면 쥐들은 천천히 출구를 찾아 돌아다녔지만, 자극이 강해져 각성 정도가 높아질수록 더 민첩하게 출구를 찾아다녔다. 이를 통해 자극의 긍정적 효과를 알아낼 수 있었다.

그런데 주목해야 할 점은, 그 자극의 강도가 일정 수준을 넘어서자 쥐들은 극심한 스트레스에 사로잡힌 나머지 미로의 규칙도 기억하지 못하고 출구를 찾는 빈도도 확연히 줄어들게 되었다는 것이다. 이는 각성 수준이 높아지면 수행 능력도 좋아지지만, 너무 높아지면 어느 순간부터 스트레스로 인해 수행 능력이 반대로 떨어지게 됨을 설명하고 있다. 이것이 '여키스-도슨 법칙Yerkes-Dodson Law'의 핵심 내용이다. 이 실험은 발표된 지 100여 년이 지났음에도 불구하고 오늘날까지도 자극에 따른 인간의 각성Arousal 상태와 과제 수행 능력Quality of Performance 사이 역U자 형태의 관계가 성립함을 보여주는 중요한 연구 결과로 활용되고 있다.

이는 우리에게 경고한다. 스트레스가 한계치를 넘으면 건강을 해침은 물론이고 업무성과도 망치는 결과를 가져오게 될 것임을. 만약 스트레스를 돈과 거래하려는 어리석고 위험한 생각을 품고 있다면, 일찌감치 버리는 것이 좋다.

스트레스를 줄이는 것은
가장 가치 있는 손실이다

업무 스트레스는 그 누구도 피할 수 없다.

따라서 그것을 줄이기 위한 의식적인 노력이 필요하다. 먼저 스트레스를 받고 있는 '나'라는 존재에 대해 보다 예민해지고 친절해져야 한다. 여키스-도슨 법칙이 경고하듯 스트레스를 참고 버티면 더 크고 특별한 성과를 낼 수 있으리라는 착각과 무모함을 버려야 한다. 직장인으로서 지금까지 한순간도 내려놓지 않았던 열정 또한 잠시 내려놓을 수 있어야 한다. 열정이란 뜻을 가진 독일어 'Leidenschaft'에는 고통을 뜻하는 'Leiden'라는 단어를 포함하고 있다. 즉 열정은 피할 수 없는 고통을 전제로 하고 있기에[1] 스트레스가 큰 상황이라면 열정을 줄여 고통을 피하는 것이 바람직하다.

그러나 스트레스를 줄이는 가장 좋은 방법은 '쉼을 택하는 것'이다. 누군가는 여행을, 누군가는 운동이나 등산

---

[1] 장재형 저, 『마흔에 읽는 니체』, 유노북스, 2022, 70p.

을 택할 수도 있다. 단 하루라도 휴가를 내고 무작정 쉬는 것도 나쁘지 않다. 이때 무엇을 선택하든 쉼의 핵심은 '최대한 업무에서 멀리 떨어져야 하는 것'임을 기억해야 한다. 휴가 중에도 습관적으로 업무 메일을 확인하거나 회사의 모바일 메신저를 켜놓는 행위는 스트레스 해소에 전혀 도움이 되지 않는다. 회사와 연관된 사람을 만나 시간을 즐기는 것도 결코 좋은 선택지가 아니다.

내가 감당할 수 있는 스트레스의 최대치를 10이라 본다면, 현재의 스트레스 수준을 수시로 체크하여 '7' 이상이 된다면 관리가 필요하다. '7'은 소화불량이나 수면장애, 잦은 감기, 근육통, 기억력 감퇴, 집중력 저하 등 신체적 불편함이 시작되는 시점이다. 몸속에서 앞서 말한 투쟁-도피 반응이 일어나고 있는 것이다. 이때가 되면 냉정히 그 스트레스 상황에서 빠져나올 준비를 해야 한다.

스트레스 상황에서의 쉼은 우리 뇌에도 휴식을 준다. 정확히 말해 이때 뇌는 쉬는 듯하지만 특별한 일을 수행한다. 아무렇게나 얽히고설켜 있던 정보와 기억들을 정리해 내는 일이다. 또한 뇌 안의 불필요하거나 부정확한 감정들을 삭제시키는 일도 한다. 이 과정에서 업무 스트레스는 상당 부분 해소될 수 있다.

이는 업무성과에도 도움을 줄 수 있다. Brewing Effect(브루잉 효과)라는 것이 있다. 우리가 어떠한 문제나 상황에 대해 적극적으로 고민하거나 탐색하는 것을 잠시 중단하면, 우리의 뇌는 새로운 관점에서 사고할 수 있는 시간을 갖게 되고, 이것은 문제의 해답을 찾는 데 도움이 된다는 개념이다. 종종 길을 걷거나 샤워를 할 때, 자기 위해 침대에 편히 누웠을 때 문제를 해결할 수 있는 좋은 아이디어를 떠올리게 되는데 이것들이 모두 브루잉 효과의 좋은 예이다.

만약 당신이 스트레스를 줄이기 위한 쉼으로 성과의 손실이 발생했다면, 그것만큼은 개의치 않아도 좋다. 충분히 가치 있는 손실이기 때문이다. 당신이 오랫동안 건강히 고성과를 유지하는 사람을 꿈꾼다면, 답은 분명하다. 업무 스트레스를 줄여야 한다. 버텨내거나 돈과 거래하려는 무모함과 교만으로부터 탈출해야 한다. 열정이 앞설 때가 곧 냉정을 찾아야 할 때이다.

DELETE Key.

나의 극심한 업무 스트레스를 어떻게 보상받을 것인가 걱정이라면, 이제 그만 걱정을 지워버리자.

업무 스트레스는 금전적 보상으로 해결하거나 거래할 수 있는 것이 아니다. 당신의 건강과 당신의 성과를 위해 지금 당장 '쉼'을 위한 계획에 돌입하자. 손실처럼 보여도, 지금 당신이 할 수 있는 가장 생산적인 일이다.

걱정 8장

점점 더 한계를 느낀다.

누구를 내 편으로

만들 것인가

✣

"여러분을 더욱 높이 올려줄 사람만을 가까이하세요."

_ 오프라 윈프리(방송인)

보이지 않는 개미가
종족을 지킨다

　국내에 많이 알려지지는 않았지만, 일본에서 오랫동안 베스트셀러 자리를 지켰던 책이 있다. 세계적인 진화생물학자이자 홋카이도대 교수인 하세가와 에이스케의 『일하지 않는 개미』라는 책이다. 우리에게 '개미'는 프랑스 소설가 베르나르 베르베르의 『개미』를 떠올리게 하지만 일본에서는 많은 사람들이 하세가와 교수의 이 책을 떠올린다. 이 책은 상상도 하기 어려운 개미 조직의 신비한 특징과 여러 군상들을 독자들에게 쉽고 재미있게 설명해 준다.

　하지만 정작 이 책이 인기가 있었던 이유는 따로 있었다. 하세가와 교수는 글 속에서 개미 조직을 교훈 삼아 인간사회가 나아가야 할 모습과 개인들이 추구해야 할 행동들을 함께 제시해 주었고, 이에 일본인들은 작지만 조직적이고 효율적으로 세상을 이루고 살아가는 개미들의 모습으로부터 깊은 감동과 깨달음을 얻은 것이다. 그래서 출판된 지 10여 년이 훌쩍 지난 오늘날까지도 이 책은 많은 일본인들에게 삶의 지침서이지 자기계발서로 사랑받고 있다.

종족을 구하는 건
여왕개미가 아니다

    이 책에서 소개하고 있는 연구 결과들에 따르면, 개미와 인간 조직은 신기하리만큼 닮아있다. 그중 가장 인상 깊었던 내용은 개미의 진사회성에 관한 것이다. (혹시 개미사회와 인간사회의 유사성에 대해 호기심이 생길 독자가 있을지도 몰라, 몇 개의 사례를 글 뒤에 덧붙인다.)

    진사회성이란, 조직의 유지를 위해 행동하려는 성질이다. 생물은 기본적으로 자신의 자손을 많이 남겨 유전자 총량을 늘리려는 본능을 갖고 있다. 그런데 일부 생물 중에서는 자손을 남겨야 한다는 본능보다 자신이 속한 조직의 안정과 이익을 좇는, 조직을 위한 행동에 집중하는 생물이 존재한다. 이는 강한 진사회성을 갖고 있는 생물의 특징이다.

그 대표적 생물이 바로 개미이다. 개미 조직을 관찰해 보면, 번식을 하는 여왕개미가 있고 그 주위에는 번식은 하지 않은 채 여왕개미의 번식을 돕는 수많은 일개미들이 있다. 그 일개미들은 너무 작아 눈에 잘 띄지도 않고, 생김새도 비슷하여 구분도 안 되며, 여기저기를 부산하게 움직이기에 무엇을 하고 있는지 파악하기도 힘들다. 그러나 그 개미들이 조직의 생존을 위해 해내고 있는 성취는 실로 엄청나다. 먹이를 구해오는 것은 물론이고, 매일매일 변화하는 바깥 환경에 적응력을 높이기 위해 수시로 집을 수리하기도 한다.

그런데 그보다 더 중요한 일이 있다. 바로 알들을 보살피는 일이다. 개미의 알은 몹시 약한 존재이기 때문에, 늘 알을 핥아 침에 함유되어 있는 항균 물질을 지속적으로 발라줘야 한다. 한순간도, 단 1분 1초도 멈춰선 안 된다. 실제로 알을 핥아주는 개미가 단 몇 시간만 그 일을 게을리해도 대부분의 알은 곰팡이가 슬어 죽어버린다. 그들은 알의 죽음이 곧 다음 세대의 전멸을 의미함을 잘 알고 있다. 그래서 더욱 필사적으로 알들을 보살핀다. 생물로서 가장 원초적이고 강렬한 본능인 번식을 포기하고, 자신이 속한 조직의 생존을 위해 '부지런히' 일하고 있는 것이다. 드러나지 않는 곳에 있어 눈에 띄지 않지만, 24시간 내내 한 치의 흐트러짐 없이 알을 핥으며 자신의 역할에 충실히 임하고 있는 일개미들. 이들의 진사회성이야말로 개미 집단이 수억 년 이상의 시간 동안 대를 이어올 수 있는 가장 큰 비결이다.

회사에도 진사회성으로
우리의 성과를 지켜주는 사람들이 있다

다시 우리의 이야기로 돌아오자. 회사를 떠올려 보면 소위 플레이어라고 불리는, 회사의 재무적 성과를 만들어 내는 직원들이 있다. 아마도 지금 몇몇의 이름과 얼굴들이 머릿속에 떠오를 것이다. 그들은 회사에 돈을 벌어오고 그 돈은 회사를 유지하고 직원들의 급여를 주며 회사를 더 크게 만드는 활동들에 사용된다. 그들은 여왕개미처럼 회사의 중심에 있는 사람들이다. 개인적으로 많은 보상을 받기도 한다. 그런데 조금만 더 생각해 보면 우리 주변에는 진사회성으로 무장한 개미들처럼 잘 드러나 보이지 않지만, 회사의 생존을 위해 일하고 있는 사람들도 있다. 주로 회사나 부서 내의 '지원 및 관리 업무 담당자들'이다.

그들이 하고 있는 업무들은 당신의 성과를 안전하고 단단하게 지켜준다. 당신이 오로지 성과에만 집중할 수 있도록 도움을 주며, 보다 나은 성과를 위해 양질의 자원을 지원해 준다. 때로는 작지만 놓치면 안 되는 업무들을 챙겨주고, 생각지 못했던 문제의 발생을 예방하거나 문제가 발생했을 때 해결에 도움을 준다. 그들은 쉬지 않고 일을 해야 한다. 회사에는 수많은 업무들과 사람들이 있고, 그들이 도움을 필요로 한다면 언제든 나서야 하는 것이 그들의 숙명이기 때문이다.

때때로 사람들은 그들이 특별할 것 없는 비생산적이고 루틴한 일을 하는 사람들이라며 폄훼하기도 한다. 그러나 그들이 하고 있는 업무들은 잠시라도 멈춰지면 회사의 생존에 위협이 가해질 수 있는 일들이다. 마치 보이지 않는 곳에서 쉬지 않고 알들을 돌보고 있는 일개미들과도 같다. 이를 떠올리면 회사에서 그들의 노동력이 얼마나 가치 있는 것임을 알 수 있다.

잠시 눈을 감고 주변의 동료들을 떠올려 보자. 드러나 보이지 않지만 조직의 성과를 위해 쉬지 않고 움직이는 사람들이 떠오르는가? 때로는 설명할 수 없는 성실함으로 무장한, 당신이 필요할 때마다 도움을 요청하곤 했던 사람들이 기억나는가? 그렇다면 이제는 그 사람과의 관계에 보다 집중해 보자. 그 사람이 당신의 편이 되는 순간, 당신은 풍부한 지원을 등에 업고 더 많은 일들을 보다 빠르고 효과적으로 해낼 수 있다.

그들이 당신의 편이 된다면 당신에게 한계란, 없다.

DELETE Key.

하는 일마다 풀리지 않고 스스로 한계에 부딪혔다는 좌절감이 들어 걱정이라면, 이제 그만 걱정을 지워버리자.
우리가 일하는 회사는 '함께' 일하는 공간이다. 내 편이 되어 나를 도와줄 수 있는 누군가를 찾아야 한다. 그들의 특징은 비록 잘 보이지는 않아도 묵묵함과 성실함으로 조직의 성과를 지키고 있는, '진사회성' 높은 개미와 같은 사람들이다. 그들을 내 편으로 만들기 위해 노력하자. 그들과의 앙상블은 당신의 무대를 최고로 만들어 줄 것이다.

> 덧붙임

개미사회와 인간사회의 유사성에 관한 재미있는 몇 가지 사실*

개미 조직에서는 소식이 안정적으로 운영되기 시작하면 일하지 않는 개미들이 한두 마리씩 나오게 된다. (그 정확한 원인은 알 수 없다!) 이를 배신자 개미라 일컫는다. 이 개미들의 개체수가 많아지면 그 개미 조직은 증식률이 낮아지고 결국 멸망에 이르게 된다. 자극 없는 현실에 안주하여 태만한 사원이 늘어나는 회사는 종국에 파산에 이르지만, 적절한 자극이나 동기에 의해 일하는 사원들이 늘어나는 회사는 점점 성장하며 시장 우위를 점하는 인간 세상의 이치와도 같다.

개미 중에는 자가생식(자기복제)을 통해 번식하는 종도 있다. 그런데 우월한, 즉 튼튼하고 강한 개체들끼리 자가생식을 통해 번식한 개미 조직은 다양한 개체들이 번식하여 모여 있는 개미 조직보다 더 '약'하다. 좀처럼 살아남기 어렵다. 유사한 유전자들로 번식한 개미 조직은 치명적인 바이러스 발생 시 몰살의 위험이 커지기 때문이다. 회사도 이와 크게 다르지 않다. 천편일률적인 사람들이 모여 있는 조직은 살아남기 힘들다. 다양한 개성을 갖고 있는 사람들이 모여 각자의 장점을 융합하고 단점을 보완하는 조직일수록 빠르게 대응할 수 있다. 또한 다양하고 양질의 서비스와 제품을 고객들에게 제공할 수 있으며, 위기와 마주해도 유연성 있게 대응할 수 있다.

* 하세가와 에이스케 저, 김하락 옮김, 『일하지 않는 개미』, 서울문화사, 2011.

(걱정 9장)

사람이 두렵다.

사람 없는 곳에서

일하고 싶다

✤

"진정한 관계는 아주 천천히 자라는 고귀한 식물이다."

_ 조지 워싱턴(미국 초대 대통령)

어떤 선물이
그를 기쁘게 만들 것인가

    사내교육의 강사로 들어가면 직원들로부터 가장 많이 받는 질문은 "어떻게 하면 사람들과 좋은 관계를 만들어 갈 수 있을까?"와 관련된 내용들이다. 업무 자체는 어떻게든 잘해 낼 자신이 있는데, 사람들과의 관계는 자신 없고 두렵다는 게 이들의 요지이다.

    그들의 걱정대로 인간관계는 회사 내의 꽤 오랜 숙제이다. 한 구인구직 플랫폼 리서치[1]에 따르면, 직장생활 스트레스 원인 1위는 인간관계(25.2%)이다. 과도한 업무량(23.7%)이나 낮은 연봉(13.1%), 상사·고객·거래처의 갑질(9.9%) 등보다 훨씬 높은 숫자이다. 내가 첫 직장생활을 시

---

[1] 벼룩시장구인구직(2020)

작할 무렵인 2007년의 유사 플랫폼 리서치[2] 자료를 찾아보니, 흥미롭게도 그때의 1위 역시 상사/부하와의 인간관계(39.1%)가 차지했다. 그다음은 자기계발(38.2%)과 업무성과(34.0%) 순이었다. 비록 2, 3위의 내용은 바뀌긴 했지만, 근 15년 가까운 시간 동안 직장인들을 괴롭히는 가장 큰 고민거리가 인간관계라는 사실만큼은 크게 바뀌지 않았다.

인간관계가 어려운 원인은
'타인을 통제하려는 나'에게 있다

왜 이렇게 인간관계는 어려운 것일까? 중국의 철학자 노자老子는 인간관계가 실패하는 이유에 대해 다음과 같이 말했다.[3]

> "천하는 대자연의 신성한 산물이라, 무엇 하나 사람의 의지로 바꿀 수 없고 강제로 통제할 수 없다. 제멋대

---

[2] 잡코리아(복수 응답, 2007)
[3] 둥리즈 저, 박미진 옮김, 『서른, 노자를 배워야 할 시간』, 미래북, 2017, 238p

로 바꾸려는 자는 반드시 실패하고 강제로 통제하려는 자는 반드시 잃는다."

이는 내가 바라거나 좋아하는 생활방식을 타인에게 요구하거나, 타인을 나에게 맞게 바꾸려 하는 순간 인간관계는 깨어질 것임을 의미한다. 부모와 자식 간, 부부나 연인 간, 그리고 친구 간에도 마찬가지이다. 상대를 통제하려는 마음은 항상 관계를 망치는 법이다. 아무리 가까워도 서로의 걸음을 통제하지 않는 거리가 가장 이상적이다. 이인삼각은 언젠가는 넘어지기 마련이다.

회사는 그 어느 곳보다 서로 다른(세대, 성별, 성향, 가치관, 목표 등) 사람들이 모여 있는 공간이다. 그럼에도 불구하고 회사는 질서유지를 명분으로, 한쪽이 한쪽을 통제하도록 설계되어 있다. 이는 우리가 유독 회사에서 인간관계의 어려움을 겪는 이유이다. 나를 통제하거나 통제할 수 있는 사람에게 호의적일 수 있는 사람은 그 누구도 없다. 단언컨대 회사 안에서의 인간관계는 가장 불편하고 난이도 높은 업무 영역임에 틀림없다.

**타인을 이해하려는 노력만이
원하는 인간관계를 이끈다**

 고로 내가 바꿀 수 있는 건 오직 나 자신뿐이다. 바람직한 인간관계들 위해서는 나의 무의식 깊이 자리하고 있는 타인을 통제하려는 마음부터 바꿔야 한다. 이를 위해 가장 필요한 것은 '타인을 이해하려는 노력'이다. 당신은 타인을 이해하기 위해 정말로 노력하고 있는가? 다음의 사례를 살펴보자.

 제1장에서 등장한 바 있는 애덤 그랜트 교수는 재미있는 실험 하나를 실시하였다.[4] 그는 Amazon.com의 회원 중 선물을 받거나 남에게 선물할 사람 90명을 선발하였다. 그리고 선물 받는 사람들에게 24시간 안에 받고 싶은 물건 10개를 골라 목록을 작성하게 하였다. 물건당 가격은 20~30달러로 제한하였다. 이번엔 선물 주는 사람들에게 남에게 선물을 보내되 해당 사람이 작성한 목록을 보고 거기서 하나를 골라 보내거나, 또는 자기가 알아서 목록에 없는 다른

---

[4] 애덤 그랜트 저, 윤태준 옮김, 『기브앤테이크』, 생각연구소, 2013, 152p.

물건을 선택해 보낼 수 있도록 하였다. 이런 경우 일반적으로 사람들은 예상치 못한 깜짝 선물을 받았을 때 더 사려 깊은 선물이라 여길 것으로 생각한다. 하지만 결과는 정반대로 나타났다. 받는 사람은 자신이 작성한 목록에 있는 선물을 받았을 때 훨씬 더 기뻐하며 감사해했다. 같은 금전적 가치를 지닌 선물이지만 효과가 달랐던 것이다.

애덤 그랜트 교수에 따르면, 이는 우리가 생각할 때 기본적으로 '나라면?'이라고 자문하기 때문이라고 한다. 즉 자신의 틀로 사고하는 것이다. 이러한 사고에는 애초부터 타인에 대한 이해가 결여되어 있다.

타인이 원하는 선물이 무엇인지 알면서도 내가 원하는 선물을 보내는 행위는 다른 의미로의 '통제'일 수 있다. 아무리 선한 의도라고 해도 내 생각을 타인에게 강요하고 있는 것이기 때문이다. 긍정적인 인간관계 형성을 위해 가장 편리하고 확실한 도구인 '선물'조차도, 타인에 대한 이해가 없다면 원하는 효과를 얻을 수 없음을 이 실험은 보여준다.

◇◇◇

또 다른 사례이다. 흔히 우리는 밀레니얼 세대(1980년부터 2000년 사이의 출생자)를 정의할 때, 이들은 대면 소통보다는 메신저나 SNS, 이메일 등의 소통 방식을 훨씬 더 선호할 것이라고 확신한다. 그래서 세대 간 소통 강화를 위해 어떤 회사에서는 비싼 비용을 들여 온라인 소통 프로그램을 개발해 사내의 공식 소통 채널로 활용하기도 한다. 그러나 다음의 결과를 보면 우리의 확신이 얼마나 어리석은 착각이었나를 깨닫게 된다. 전 세계 22개국, 약 2만 5,000명의 밀레니얼 세대를 대상으로 한 〈회사 내 선호하는 소통 방식〉에 대한 연구 결과이다.[5]

밀레니얼 세대가 선호하는 소통	후배 대상	동료 대상	상사 대상
대면	78%	79%	75%
전화	7%	5%	6%
이메일	9%	5%	16%
메신저	6%	10%	3%
문자	0%	0%	0%
소셜 네트워크	0%	0%	0%
화상채팅	0%	0%	0%

5 제니퍼 딜, 알렉 레빈슨 저, 박정민 옮김, 『밀레니얼 세대가 일터에서 원하는 것』, 피와이메이트, 2017, 150-153p.

우리의 확신과 달리 밀레니얼 세대가 선호하는 업무 소통 방식은 압도적으로 '대면'이 높았으며, 급기야 그들이 어려워할 것이라 생각해 왔던 상사와의 소통 시에도 '대면' 방식은 타 방식과 비교할 수 없을 정도로 높은 선호를 보였다.

실험 결과에 약간의 의구심이 들기도 한다. 분명 우리가 관찰해 온 밀레니얼 세대는 메신저나 SNS의 사용을 훨씬 더 편하게 느끼는 듯 보였는데 왜 이런 결과가 나온 것일까? 해당 조사 시 함께 진행한 포커스 그룹 인터뷰 내용을 살펴보면 그 이유를 쉽게 알 수 있다.

〈포커스 그룹 인터뷰 결과〉
- 그들은 분명 대면 소통 방식을 가장 선호한다.
- 하지만 그들은 상황의 중요성과 편리성 간의 균형 또한 매우 중요하게 생각하며, 그에 적합한 소통 방식을 선택하길 원한다.
- 그들은 대면 소통 시 그들에게 요구되는 추가적인 노력에 대해 가치가 있을지를 계산한다.

정리하자면 그들은 중요한 주제에 대해 이야기할 때, 만

나서 얼굴을 마주 보며 서로의 진심을 담아 소통하길 원한다. 그런데 때때로 주제가 반드시 대면 소통을 요할 만큼 중요하지 않다고 판단되는 경우가 있다면 또는 대면 소통을 위해 그들에게 너무 많은 추가적인 노력이 요구된다면 (이를테면 미팅 자료의 준비, 장소의 세팅 등), 그들은 대면 소통보다 편리하고 간단한 이메일, 메신저 등의 방법도 상관없다고 생각한다.

그들의 이와 같은 내면의 목소리에도 불구하고 밀레니얼 세대와의 소통 강화를 위해 무작정 소통 채널을 온라인으로 옮기려는 시도는 결국 그들에 대한 몰이해가 낳은 어이없는 실착이다. 안타깝지만 그들은 이 또한 하나의 통제로 느낄 뿐이다.

이 같은 연구를 통해 우리는 깨닫게 된다. 타인에 대해 깊이 이해하려는 노력 없이 타인과의 관계를 개선하고자 노력한다면, 결국 그 노력들은 아무 소득 없이 끝나게 될 것임을. 또한 통제한다는 오해와 함께 서로의 관계에 불편함만을 더해줄 것임을 말이다.

요컨대, 보다 나은 인간관계를 위해 변해야 할 것은 오직 '나'이다. 내가 바라는 대로 타인을 통제하거나 변화시키려는 생각을 버려야 한다. 그보다 타인을 진정으로 이해하려는 노력에 집중해야 한다. '나라면?'이라는 가정보다, 타인이 그렇게 생각하고 행동한 까닭을 찾고 그것을 인정하려는 노력이 훨씬 더 중요함을 알아야 한다. 그편이 긍정적인 인간관계를 위해 보다 효과적이며 생산적이다.

내가 직원 교육을 마무리할 때 늘 학습자들과 나누는 문답이 있다. 그 상황으로 이 장을 마무리한다.

Q. 여러분이 낚시를 하고 있다고 가정해 봅시다. 큰 물고기를 잡기 위해선 어떤 미끼를 낚싯바늘에 꽂아야 할까요?(그럼 떡밥, 지렁이부터 작은 물고기, 새우, 루어(가짜미끼) 등 제법 전문적인(?) 답들까지 나오기 시작한다.)

A. 네, 여러분의 답변 모두가 정답일 수 있습니다. 그런데 낚시를 하고 있는 제가 가장 좋아하는 음식이 탕수육이라고 해서, 탕수육을 미끼로 낀다면 과연 원하는 물고기를 잡을 수 있을까요? 아무리 좋은 낚싯대로 며칠 밤을 새워 노력한다 한들, 원하는 물고기를 잡을 수 있을까요? 내가 원하는 물고기를 잡으려면 그 물고기가 좋아하는 미끼를 써야

합니다.

DELETE Key.

이 사람과의 관계는 답답하고 저 사람과의 관계는 찝찝하고…. 인간관계가 너무 어렵고 미숙해 걱정이라면, 이제 그만 걱정을 지워버리자.
나와 다른 그런 사람도 있음을 받아들여야 한다. 타인을 이해하고 타인을 신뢰하려는 노력이 필요하다. 당신 가슴 깊은 곳에 자리하고 있는 타인을 통제하려는 마음을 지워내는 순간, 비로소 참된 인간관계가 시작된다.

덧붙임

타인을 이해하기 위해 반드시 익혀야 하는 기술, 경청

타인과의 신뢰를 쌓기 위해서는 한 가지 고도의 기술이 필요하다. 비로 '경청'이다. 우리는 기본적으로 타인의 말을 귀담아듣지 않는다. 그의 마음을 읽을 수 있다고 생각하기 때문이다. 또한 그가 다음 무슨 말을 할지 알고 있다고 생각하기 때문이다. 타인을 이해하지 못함에서 오는 이러한 경솔함은 인간관계를 망치는 가장 큰 원인이다. 반면 경청은 타인에게 내가 당신을 존중하고 있으며, 당신을 통제하기 위해 온 사람이 아닌, 우호적이고 협력적인 관계를 구축하고 싶어 온 사람임을 느끼게 해준다. 이 느낌은 곧 서로의 진심과 능력에 대한 믿음으로 점차 발전해 간다.

경청을 위해서는 다음 두 가지가 필요하다.

첫 번째는 겸손의 자세이다. 사람들은 보통 자신을 낮춰 자신의 단점을 말하고 경쟁자를 칭찬하는 사람을 더 믿을 만하다고 여긴다. 자신의 능력에 대한 확신이 있으므로 그런 말도 할 수 있다고 여기기 때문이다. 또한 내면을 볼 수 있도록 허락한 사람에게 보다 인간적인 공감을 느낀다. 사회심리학자 로버트 치알디니 Robert Cialdini 는 다음과 같이 말한다.

"자신이 하는 일에 대한 반박은 자신의 위치를 더 강화시켜 준다."

두 번째는 경청하는 기술이다. 경청하는 방법이 미숙하거나 어설프다면 타인으로 하여금 "이 사람이 나에게 뭘 얻어내기 위한 꿍꿍이가 있는 거 아니야?"라는 의심만을 증폭시킨다. 아래 경청의 기술 4가지[**]를 기억하자.

1. 화자를 똑바로 쳐다본다.

   화자의 표정과 몸짓 언어를 관찰한다. 팔짱을 끼거나 다리를 꼬고 있다면 이는 스스로 방어하고 있으며 무언가 불편함을 느끼고 있다는 의미이다. 내 의견에 동의하지 못함을 나타내는 신호일 수도 있다. 눈을 똑바로 마주치지 못한다면 진실을 감추고 있거나 무언가 쑥스러움을 느끼고 있다는 뜻이다. 화자를 똑바로 쳐다봐라. 이는 화자에게 내가 당신과의 관계에 집중하고 있음을 느끼도록 해준다.

2. 화자를 편안하게 해준다.

   가능한 한 기분을 좋게 해주는 언사를 쓰며 화자의 말에 호응하는 몸짓을 하거나 고개를 끄덕임으로써 마음 놓고 말할 수 있도록 해야 한다. 지나치게 가깝거나 멀지 않은 위치에서, 대답할 때는 담담한 혹은 자신감을 불어넣어 주는 어조를 유지한다. 이와 같은 노력은 내가 화자의 말을 매우 중요하게 여기고 있음을 보여준다.

3. 화자의 말을 요약해 들려주거나 질문하며 피드백한다.

대화 도중 화자가 한 말을 정리해 읊어주며, 좀 더 깊이 있는 대화를 유도할 수 있는 질문을 던진다. 가령 "……라고 말씀하셨는데, 그것이 사실이라면 ……라는 뜻입니까?"고 묻는 것이다. 이는 내가 화자의 말을 경청하고 있음을 보여주며, 동시에 화자를 대화 속으로 보다 깊게 끌어들이는 효과가 있다.

4. 아이디어의 가치를 함부로 판단하지 않는다.

절대 화자의 말을 끊어서는 안 된다. 경청의 제1법칙은 입 다물고 듣는 것이다. 평가나 판단은 대화의 분위기를 깨뜨리고 관계를 보다 악화시킬 수 있다. 경청의 목적을 기억하자.

* 마티아스 뇔케 저, 이미옥 옮김, 『나를 소모하지 않는 현명한 태도에 관하여』, 퍼스트펭귄, 2024, 140p.

** 로버트 흐로마스, 크리스토퍼 흐로마스 저, 박종성 옮김, 『아인슈타인의 보스』, 더난출판사, 2018, 145p.

ған 10장

성과만을 위해

쉼 없이 달려온 나,

놓치고 있는 것은 없는가

"인격은 그 사람의 운명이다."

_ 헤라클레이토스(고대 그리스의 철학자)

성과보다 중요한
오직 단 하나의 것

　박 차장은 유명 이커머스 기업의 16년 차 MD~Merchandiser~이다. 두 곳의 회사를 거쳐 지금이 세 번째인데, 세 곳 모두 국내 다섯 손가락 안에 드는 메이저급 회사들이다. 워낙 시장 변화가 빠른 이커머스 업계에서 메이저 회사를 거친 16년 차라 하면, 그래도 업계에서 꽤나 인정받는 경력이다. 더군다나 그는 매체에도 몇 번 소개된 적이 있을 정도로 최근 몇 년간 고성과를 자랑했다. 그가 기획하는 상품은 대부분 뛰어난 매출을 기록했다. 그 덕에 최근에는 회사의 신규 브랜드 론칭에도 참여하며 바쁜 시간을 보내고 있다.

　그런데 얼마 전, 좌절은 모를 것만 같던 박 차장에게 머릿속이 하얘지는 사건이 발생했다. 하반기 승진 인사에서 탈락한 것이다. 사실 이번이 처음은 아니다. 상반기 인사에서도 그는 고배를 마셨다. 내심 임원까지는 따 놓은 당상이라고 생각해 왔었는데, 고작 부장 승진에서 두 번 연속 탈락한 것이다. 그로선 상상할 수 없던 시나리오였다. 충성을 다해왔던 조직에 엄청난 배신감이 밀려왔다. 박 차장은 자신을 인정해 주지 않는 조직을 위해 더 이상 일할 수 없다는 생각에 헤드헌터들에게 연락을 돌렸다. 예상대로 꽤 많은 곳으로부터 회신이 왔고, 외국계와 대기업 중심으로 면접을 봤다. 분위기가 나쁘지 않았고 무난한 합격이 예상되었다. 이제는 처우를 제안받고 마음에 드는 회사를 고르는 일만 남았다고 생각했다.

그러나 박 차장에게 또 한 번의 좌절이 찾아왔다. 그 어떤 곳도 최종 합격에 이르지 못한 것이다. 이해할 수 없었다. 신입사원부터 13년을 누구보다 열정적으로 일해 왔다. 우스갯소리로 MD를 모두 다 하는 직무라고 말하는데, 그는 그 말 그대로의 삶을 살아왔다. 성과를 위해서라면 해보지 않은 것이 없었다. 다만 그 과정에서 때때로 그의 말과 행동은 거칠고 사나웠다. 모욕적이라고 들릴 만한 언사도 필요하다면 서슴지 않았다. 이로 인해 소위 인성 논란의 주인공이 되기도 했었다. 그는 사실 많은 사람들이 그를 향해 손가락질하거나 수군거린다는 것을 잘 알고 있었다. 하지만 그런 것쯤은 상관없었다. 그에게 성과 외에 중요한 것은 없었다. 어차피 프로는 모든 것을 숫자로 증명해 보이면 될 뿐이라고 스스로를 격려했다. 그리고 생각했다.

'저들 역시 결국 내 덕에 더 많은 월급을 받을 수 있는 거야. 그러니 행여 내게 받는 상처가 있더라도 그들이 알아서 감내해 내야지.'

박 차장은 일단 승진 인사에서 떨어지는 이유부터 제대로 알아보기로 했다. 인사부서의 심 과장을 찾아갔다. 대학 후배라 나름 불편하지 않은 관계로 지내고 있었다. 자존심은 상했지만 도대체 나의 무엇이 문제인지, 무엇이 나의 발목을 잡는 것인지 물어보았다. 한참을 고민하던 심 과장이 어렵게 입을 열었다.

"선배님, 말씀드리기 죄송하나, 조직 내에서 평판 관리를 잘 못하신 것 같습니다. 선배님에 대한 직원들 불만이 매우 큽니다. 특히 직원들에게 자주 화를 내시거나 상처를 주는 심한 말들을 종종 하셨던 것 같은데... 지금까지는 좋은 성과로 그런 것들을 가릴 수 있었지만, 리더를 맡아야 하는 더 높은 직위에서는 생각보다 큰 문제가 될 수 있습니다. 관리자 자리에서 직원들과 문제가 생겨 언론을 통해 외부로 나가기라도 하는 날에는 회사의 브랜드 이미지도 큰 타격을 입게 되니까요. 승진을 심사하는 인사위원들은 그 점을 매우 우려하고 있습니다. 참, 타 회사 인사팀에 친한 친구가 한 명 있어 우연히 알게 된 사실이니 오해는 마십시오. 얼마 전 선배님께서 그쪽에 지원하셨다고 들었습니다. 그때에도 서류나 면접 결과는 좋았는데 최종 평판조회 단계에서 잘 안되신 것 같습니다. 저희 직원들과 선배님 예전 직장의 동료들에게 조회를 해보았는데 결과가 많이 안 좋았던 것 같습니다."

박 차장은 무엇인가에 크게 얻어맞은 듯했다. 조직의 성과만 좋아질 수 있다면 직원 개인의 감정은 아무래도 상관없는 문제라고 생각해 왔는데 불행히도 100% 어긋나고 만 것이다. 박 차장은 어느새 업계에서 수준 이하의 인격체라는 박한 평가를 받고 있었고, 회사에서는 그런 그가 리더로서 부적격하다고 판단했다. 그가 그동안 쌓아 올린 성과는 중요하지 않았다. 그것들은 어디까지나 과거의 것들이고, 회사는 리더로서 그가 만들 미래의 성과에 대해서만큼은 확신할 수 없었다. 평판조회를 진행한 다른 회사들 역시 마찬가지였다. 박 차장은 아직도 심 과장의 마지막 말이 머리에서 지워지질 않는다.

"저는 선배님이 나쁜 의도로 그렇게 말씀하셨거나 행동하셨다고 생각하지 않습니다. 더 나은 성과를 내기 위한 마음으로 그렇게 하신 거, 잘 알고 있습니다. 그러나 사람들은 말과 행동을 그 사람의 인격과 동일시합니다. 인사 업무를 하다 보니, 인격에 대한 평판은 참 무서운 것이라는 생각이 듭니다. 능력에 대한 평가는 업적에 따라 언제든 변하지만 인격에 대한 평가는 쉽게 변하지 않거든요. 특히 부정적일수록 아주 오랫동안 꼬리표처럼 따라다닙니다."

조직을 위해
희생되어야 할 개인은 없다

최근 박 차장과 유사한 사례들이 회사들에서 빈번히 일어나고 있다. 얼마 전 한 뉴스를 통해 금융회사 임원이 사장직에 오른 지 반년도 안 되어 자리에서 물러났다는 소식을 접했다. 평소 직원들에게 폭언을 하고 행실도 바르지 않았던 그에 대해 많은 직원들이 회사 신문고에 불만을 올리기 시작했고, 이것이 기사화되면서 결국 도마 위에 오르게 된 것이다. 회사의 이사회 입장에서도 내부적으로 문제의 소지가 있는 사람을 경영진으로 계속 고용할 수는 없었다. 회사의 평판 문제로 이어져 주주가치를 훼손시킬 수도 있으며, 원론적으로 직원의 신임을 받지 못하는 리더에게시 어떠한 성과도 기대할 수 없었기 때문이다. 결국 그는 평생을 꿈꿔왔던 자리에서 쫓겨나듯 나가며 이렇게 말했다고 한다.

"회사를 위해서라면 그래도 되는 줄 알았다."

인격이란 개인의 인성이 갖고 있는 품위와 고결함을 뜻한다. 오늘날 회사에서는 그 누구도 인격에 문제 있는 사람과 함께 일하고 싶어 하지 않는다. 때때로 그들을 변호하는 누군가는 이를 참을성 없고 자의식만 높아 조직에 적응하지 못하는 젊은 세대만의 유별남으로 치부한다. 그러나 이 주장에 동의하기 어렵다. 누구든, 어떤 이유에서든, 수준 낮은 인격으로 타인에게 고통과 불쾌감을 주는 행위는 일종의 폭력이다. 폭력에 대항하는 것은 사람으로서 자연스럽고 당연한 반응이다. 우리 사회는 지금까지 '조직을 위해

서라면 개인은 이러한 폭력의 대상이 되어도 된다'는 프레임으로 이를 못 본 척 종종 눈감아줘 왔다. 그러나 개개인이 지닌 존엄성은 언제나 조직의 성과보다 우선한다. 조직을 위한다는 명분으로 인격을 무시당하거나 희생을 강요당해도 되는 개인은 이 세상에 없다.

**성과는 과거의 모습을 정의하나
인격은 미래의 모습을 정의한다**

인격이 중요한 또 하나의 이유가 있다. 인격은 사람을 모을 수 있는 힘이 있기 때문이다. 그리스의 위대한 철학자 아리스토텔레스는 사회 구성원으로서 인격의 중요성을 누구보다 강조해 왔다. 그는 플라톤이 세운 아카데미에서 제자들에게 수사학(다른 사람을 설득하는 문장과 언어의 사용법을 연구하는 학문)을 가르쳤다. 그는 특히 설득을 위한 수단인 로고스$_{logos}$, 파토스$_{pathos}$, 에토스$_{ethos}$에 대해 다음과 같이 설명했다고 한다.

로고스는 '논리'를 통한 설득이다. 우리는 얼핏 많은 데이터들을 근거로 한 논리적 설득이 가장 주효할 것이라 생각하지만, 이것만으로는 사람의 마음과 생각을 움직이게 할 수 없다. 이는 세 가지 수단 중 가장 영향력이 약하다. 파토스는 '정서'를 통한 설득이다. 흔히 공포심을 유발하거나 연민과 같은 감정에 호소하는 것이다. 그에 따르면 이 또한 순간적인 힘은 있을 수 있으나 그리 큰 영향력을 갖진 않는다. 마지막은 에토스(훗날 영어에서 윤리를 뜻하는 ethic이 이 단어에서 유래함)이다. 해석하자면 '인격'을 통한 설득이다. 즉 말하는 이가 갖고 있는 고유의 특질과 성품을 통한 설득인 것이다. 아리스토텔레스는 에토스야말로 그 어떤 설득의 도구보다 가장 강력하다고 설명한다. 말하는 이가 청중으로부터 인격적으로 인정받음으로써 신뢰를 얻을 수 있고, 그제야 비로소 그에게 청중의 마음과 생각을 움직일 수 있는 힘이 주어진다는 것이다.[1]

오늘날 회사라는 공간에서 혼자의 힘으로 성과를 만들어 낼 만큼 쉬운 일은 단 하나도 없다. 점점 더 빠르고 복잡해져 가는 세상 속에서 일은 점점 더 어려워질 것이다. 따

---

[1] 닐 도쉬, 린지 맥그리거 저, 유준희, 신솔잎 옮김, 『무엇이 성과를 이끄는가』, 생각지도, 2016, 210p.

라서 나를 돕는 인적 관계망이 얼마나 넓고 깊게 형성되어 있는가가 성과를 결정하는 매우 중요한 요소가 된다. 반대로 사람들을 끌어당기고 내 편으로 만드는 힘이 부족하다면 미래의 성과는 누구도 보장하기 어렵다. 그렇다면 지금 이 순간 가장 먼저 챙겨야 할 것이 무엇인지 보다 명확해진다. 바로 아리스토텔레스가 말한 에토스, 사람을 끌어당기는 힘, '인격'이다.

사람들로부터 나의 인격을 인정받기 위해서는 매우 오랜 시간의 노력이 필요하다. 사람들은 모든 시공간에서 나의 말과 행동들을 지켜보며 나의 인격을 쉼 없이 평가한다. 생각할수록 숨이 막힌다. 그래도 포기해서는 안 된다. 틈틈이 자신의 모습을 되돌아봐야 한다. 성과를 핑계로 타인에게 상처를 가하는 말이나 행동을 하고 있지는 않은지 살펴야 한다. 내가 과연 타인에게 귀감이 될 만큼의 인격을 갖추고 있는지 성찰해야 한다. 그 과정 중 혹시 마음 한편에 걸리는 부분이 있다면, 지금 당장 모든 것을 멈추고 스스로의 인격부터 점검해 보아야 한다. 그것만이 당신이 지금까지 쌓아 올린 성과의 탑을 무너뜨리지 않는 방법이며, 가까운 미래 고립이라는 위기에 빠지지 않을 유일한 선택지이다. 성과보다 중요한 오직 단 하나의 것, 그것은 바로 인격이다.

DELETE Key.

성과만을 위해 내달리고 있는 지금, 중요한 무엇인가를 놓치고 있는 것은 아닌지 걱정이라면, 이제 그만 걱정을 지워버리자. 일 잘하는 당신이 당장 챙겨야 할 가장 중요한 것, 그것은 바로 '인격'이다. 인격은 미래의 내 모습과 미래의 내 성과를 결정한다. 안이하게 생각했다가는 오랜 시간 공들여 온 나의 모든 것들을 한순간에 사라지게 만들 수 있다. 나의 인격에 집중하자. 높이 올라갈수록 성과는 인격을 따른다.

걱정 11장

계획 수립에

파묻혀 있는 나,

실패가 두렵다

✦

"성공은 당신이 넘어진 횟수로 측정되지 않는다.
당신이 일어난 횟수로 측정된다."

_ 지그 지글러(미국의 연설가, 성공한 영업사원)

유치원생을
이길 수 없는 이유

    마시멜로 챌린지marshmallow challenge, 미국의 심리학자 톰 우젝Tom Wujec이 그 결과를 테드TED에 소개한 이후 꽤 유명해진 실험이다. 본래 이 실험은 핀란드 기업 노키아NOKIA의 최고경영자 피터 스킬먼Peter Skillman이 최고의 팀이 협동하는 방식을 설명하기 위해 개발한 것이었다. 그런데 그 실험 결과가 매우 흥미로워서, 팀이 협동하는 방식뿐만 아니라 사회 속에서 발현되는 다양한 군중의 특성을 설명하는 실험으로도 널리 활용된다.

    챌린지의 룰은 아주 간단하다. 4~5명으로 구성된 각 그룹에 조리 전 상태의 딱딱한 스파게티면 스무 가닥, 노끈과 투명 접착테이프, 마시멜로를 지급한다. 그리고 이것들을 이용해 18분이라는 제한시간 동안 탑을 쌓으면 된다. 단,

종료 시점에 탑은 무너지면 안 되며, 탑의 꼭대기에는 마시멜로가 올라가 있어야 한다. 승자는 바닥에서부터 마시멜로까지의 높이가 가장 높은 그룹이 차지한다.

톰 우젝은 실험의 참가 그룹을 총 여섯 개로 나누었다. 각각의 그룹은 경영대학원생, 변호사, 유치원생, 건축가와 공학자, CEO, CEO와 비서로 구성되어 있다. 그는 이 여섯 개 그룹을 대상으로 매우 여러 번 마시멜로 챌린지를 하는데, 신기하게도 그때마다 거의 비슷한 결과가 나온다. 더 놀라운 건 그 결과이다. 유치원생 그룹이 쌓은 탑이 CEO 그룹이나 변호사 그룹의 탑보다 매번 더 높았고 급기야 경영대학원생 그룹의 탑보다는 2배 이상 높았던 것이다. 유치원생 그룹이 이긴 그들은 우리 주변에서도 매우 지적인 두뇌로 정평이 나 있는 성인들이기에, 이 결과는 다소 충격적이기까지 하다.

톰 우젝은 그 원인을 찾아내기 위해 유치원생 그룹과 경영대학원생 그룹이 실험 중 보이는 모습들을 관찰했다. 경영대학원생은 실험이 시작되자 먼저 돌아가며 자기소개를 하기 시작한다. 그리고 이 과제를 어떻게 풀어나갈지 적극적으로 의견을 교환한다. 이들은 각자의 논리를 적절히 조율하며 구체적인 전략을 세워 이윽고 계획을 완성한다. 이제 그들은 서로 역할을 나눈 후 계획한 대로 탑을 만들기 시작한다. 흡사 회사에서의 전형적인 과업 해결 과정처럼 보인다. 그런데 여기에서 문제가 발생한다. 18분 내내 계획 수립에 집중한 나머지 이들은 제한시간을 얼마 남기지 않은 채 마시멜로를 꼭대기에 얹게 되고, 그 순간 탑은 대개 무너져 버린 것이다. 그리고 그들에게 주어진 기회는 그것으로 모두 날아가 버렸다.

반면 유치원생 그룹은 예상대로 의견 교환이나 전략 따위는 안중에도 없었다. 계획도 없다. 각자 역할을 배분하는 건 더더욱 상상하기 어렵다. 일단 그들은 생각나는 대로 탑을 만들기 시작한다. 하나를 만들어 보고 탑이 무너지지 않는다 싶으면 또 다른 스파게티 면을 이어보는 방식으로 좀 더 높여본다. 그러다 시간이 남으면(당연히 남는다) 지금의 탑을 무너뜨리고 또 새로운 탑을 다시 만들어 본다. 조금 것과는 다른, 조금 더 높게. 이런 방식으로 제한시간 동안 그들은 많게는 대여섯 개의 탑을 완성한다. 결국 유치원생 그룹의 탑은 경영대학원생 그룹의 그것보다 실패할 확률도 적고, 훨씬 더 높아지는 결과를 가져오게 된다.

진짜 위험한 것은
아무것도 하지 않는 것이다

　우리에게 친근한 물리학자 정재승 교수는 이 실험이 주는 메시지[1]에 대해, '중요한 건 계획을 완수하는 것이 아니라 목표를 완수하는 것'이라고 말한다. 제자리에 앉아 완벽한 계획을 수립하고 있는 것보다, 실패하더라도 실행으로 옮겨 결과에 한 걸음씩 더 가까이 접근해 가는 것이 중요하다는 뜻이다.

　하지만 회사의 실무자로서 우리는 어떠한가를 되돌아보자. 우리는 여전히 실행보단 계획에 집착한다. 계획 수립에 너무 많은 에너지와 시간을 쏟은 나머지, 그것을 실행으로 옮길 수 있는 기회를 놓치는 경우도 허다하다. 겨우 실행하더라도 계획한 바와 어긋나지 않아야 한다는 의무감 때문에 잘못되고 있음을 알면서도 바로잡지 못한다. 만일 실패라도 하는 날에는 당혹함에 더 이상 나아갈 길을 잃으며, 겨우 정신을 차리고 다시 처음부터 계획을 세우고자 하면 골든타임은 이미 지나가 버린 후이다.

　계획의 수립이 중요하지 않다는 것은 아니다. 잘 알고

---

[1] 정재승 저, 『열두 발자국』, 어크로스, 2018, 2023, 28-33p.

있거나 여러 번의 경험이 있는 업무의 경우, 이는 매우 효과적이다. 이전의 오류를 보완하여 리스크를 줄일 수 있으며, 아이디어를 첨가하여 성과를 높일 수 있다. 동시에 불필요한 단계를 제거해 일의 속도와 효율을 높일 수도 있다.

계획이란, 수없이 뻗어 있는 길들을 세심히 따져 하나의 길을 선택해 나가는 과정이다. 많은 길들 중 어떤 길이 목적지까지 가는 가장 빠르고 안전한 길인가를 분석하고 판단하여, 불필요한 길은 지우고 가장 적정한 길을 선택해 나가는 과정이 바로 계획이다. 그러나 잘 모르는 업무, 경험이 없는 새로운 업무, 일의 경과나 결과가 불확실한 업무의 경우라면 말은 달라진다. 이러한 업무들은 자칫 잘못된 계획으로 일의 위험성을 증폭시킬 수 있다. 즉, 수없이 뻗어 있는 길들 중 어떤 길이 목적지까지 가는 길인지 전혀 알지 못하는 상황에서, 단지 운에 의지해 제일 좋아 보이는 길 하나를 '뽑기'하는 것과 다르지 않다. 그 순간 계획의 기대효과와 정반대의 결과를 가져올 수도 있다. 앞서 살펴본 경영대학원생의 마시멜로 탑처럼 말이다.

"쏘지 않으면 명중할 확률은 0%이다."
- 웨인 그레츠키(역사상 가장 위대한 아이스하키 선수)

이럴 때 필요한 것이 바로 실행이다. 몇 개의 길을 걸어 봄으로써 이 길이 빠른 길인지, 안전한 길인지, 목적지까지 갈 수 있는 길인지 알 수 있다. 가장 빠르게 불확실성을 걷어낼 수 있다. 운이 좋다면 때때로 미처 생각하지 못했던 더 좋은 길을 발견하기도 한다. 물론 상당수의 길은 실패를 인정하고 되돌아와야 할 것이다. 그러나 생각해 보면 그 자체도 피해야 할 길을 지워 나가는 유익한 행위이다. 이 과정이 반복될수록 가장 최고의 길을 찾을 확률은 계속 높아져 간다.

이러한 문제해결 방법을 우리는 '시행착오'라고 한다. 시행착오는 불확실한 업무를 완성도 있게 수행하는 가장 효과적인 방법이다. 서울대 공학전문대학원 이정동 교수는 스케일업scale up이라는 개념을 소개한 바 있다.[2] 작은 아이디어를 실행해 나가며 그것을 통한 시행착오 과정에서 더 큰 아이디어를 만들어 낸다는 개념이다. 앞서 마시멜로 챌린지를 통해 우리가 얻은 메시지와도 일맥상통한다. 이정동 교수는 덧붙여 말한다. 시행착오가 보다 큰 의미를 얻기 위

---

[2] 서울대학교 공과대학(이정동 외) 저, 『축적의 시간』, 지식노마드, 2015.

해서는 비난이 두려워 실패를 숨기는 것보다, 실패를 축적하여 자산화하려는 자신만의 사고 시스템이 굳건히 뒷받침되어야 한다고.

내가 한때 그룹사의 핵심인재 풀을 관리하며 느꼈던 점은, 그들 중 상당수는 성공의 기념보다 실패의 노트에 집중한다는 사실이었다. 그들은 자신의 실패 경험을 조직의 구성원들과 공유해 알리는 것을 마다하지 않는다. 덕분에 다른 구성원들은 몇몇 시행착오를 생략할 수 있게 된다. 조직의 성과도 그만큼 빠르게 목표를 향해 나아갈 수 있다. 이는 핵심인재가 실패를 자산화하면서 어떻게 조직을 이끄는 리더로 성장하는가를 보여주는 단적인 사례이다.

우리는 불확실성으로 가득 찬 세상에 살고 있다. 소비자의 니즈는 날로 다양해지고, 빠르게 변화하고 있다. 오늘날 확실한 것은 그 어느 것도 없다. 업종을 불문하고 지금 우리 앞에 놓여있는 업무들은 정해진 원칙도, 성공 공식도 없는 것들이 대부분이다. 더군다나 회사 안팎에서는 누가 더 빠르게 아이디어를 세상에 내보일 수 있는가의 경쟁들이 한창이다. 이러한 세상에서 더 큰 성과를 거두기 위해 지금 가장 중요한 것은, 완벽한 계획보다 남들보다 한 박자 빠른 실행이다. 사회가, 조직이 실패를 용납하지 않을 것을 두려워하지 말자. 그것으로부터 얻은 시행착오를 잘 축적하고 실패의 경험을 자산화한다면 시행착오는 반드시 더 큰 성과를 가져온다. 당신의 실패 경험은 틀림없이 당신의 성공 노하우가 되어 돌아온다.

시행착오의 위대한 힘을 믿자. 실행하지 않는다면 아무것도 아니다. 특히 경험해 보지 못한 불확실한 업무일수록 계획보다 실행이 주는 이로움은 훨씬 더 크다. 구체적인 것은 나중에 보충해도 늦지 않다. 완벽한 계획이 무엇을 보장할 수 있겠는가.

DELETE Key.

실패가 없는 완벽한 계획을 세우기 위해 걱정이라면, 이제 그만 걱정을 지워버리자.

아이러니하게도 불완전함을 추구할수록 계획은 더 완벽해진다. 단언컨대 시행착오는 완벽주의를 추구하는 가장 경제적인 방법이며,[3] 성공에 가까이 가는 가장 효과적인 방법이다.

---

[3] 가오위안 저, 김정자 옮김, 『하버드 행동력 수업』, 가나출판사, 2018, 148p.

걱정 12장

아무리 노력해도

좀처럼 변하지 않는 내 모습,

싫어진다

"강력한 이유는 강력한 행동을 낳는다."

_ 윌리엄 셰익스피어(인류 역사상 최고의 극작가)

무엇부터
바꿔야 하는가

 연초 담배를 끊겠다는 다짐을 해본 적이 있는가? 이를 위해 가장 먼저 한 것은 무엇인가? 누군가는 흡연으로 인해 섬뜩하게 변해버린 폐의 사진을 방에 붙여 놓기도 하고, 누군가는 갖고 있던 담배를 모두 모아 가위로 싹둑 잘라 버리기도 한다. 금연패치를 붙이거나 금연을 공개적으로 약속하고 돈을 거는 사람도 있다. 사람들은 담배를 끊기 위해 다양한 방법들을 모색한다. 하지만 이들은 약속이라도 한 듯 봄비가 내리는 어느 날, 친구들과의 늦은 밤 술 한 잔의 취기에 어김없이 담배 한 개비를 입에 문다. 그렇게 금연의 결심은 3개월을 넘기지 못하고 물거품이 된다.

 우리는 왜 쉽게 변하지 못할까? 마음먹은 대로 쉽게 변할 수만 있다면 삶의 많은 부분들이 지금보다 훨씬 더 좋아질 텐데. 그걸 알면서도 의지박약인 나의 모습에 매번 답답함을 느낀다. 어떻게 하면 나의 모습을 바꿀 수 있을까? 어떤 방법이 가장 효과적일까?

인간 행동의 본질에 집중하면
답이 보인다

NLP_{Neuro Linguistic Programing}, 우리말로 하면 신경언어 프로그래밍이란 것이 있다. NLP는 뇌 과학과 언어학의 융합으로 사람의 마음을 효과적으로 변화시키는 심리학 기제들을 연구한다. 자신의 무의식과 소통하여 자연스러운 행동 변화를 일으키는 실용심리학 정도로 이해하면 편하다. 1970년대 미국의 심리학자 존 그라인더_{John Grinder}와 리처드 밴들러_{Richard Bandler}가 처음 소개한 이래로 다양한 학자들에 의해 발전되어 왔고, 지금은 심리학 치료나 회사의 리더십 프로그램 등에도 널리 사용되고 있다. 꽤 오랫동안 발전해 온 만큼 그 하위 이론들도 많이 개발되어 왔다. 그중 가장 신뢰받는 이론 체계는 미국의 경영컨설턴트 로버트 딜츠_{Robert Dilts}의 '뉴로로지컬 레벨_{Neurological Level}'이다.

뉴로로지컬 레벨은 인간의 행동 변화를 일으키는 총 여섯 단계의 의식 요소를 정의하고 있다.[1] 이 요소들은 각각 독립된 개체처럼 보이나 상하 단계로 서로 강하게 결속되어 있다.

인간 행동을 변화시키는 여섯 단계 의식 요소

요소(단계)	내용 요약
영적 Spiritual (최상위 단계)	• 나는 누구를 위해, 무엇을 위해 살아가는가? • 인간이란 존재가 우주에서 지니는 철학적 의미
정체성 Identity	• 나는 누구이며 이루고자 하는 것은 무엇인가? • 나라는 존재가 꿈꾸는 목표, 사명감
가치 Value /신념 Belief	• 나에게 그것은 왜 중요한가? • 내가 가치 있다고 믿는 행동 원칙이나 기준
능력 Capability	• 나의 자원은 무엇이고 어떻게 활용할 것인가? • 과업 해결을 위한 재능, 지식, 기술, 힘 등
움직임 Action	• 좋은 결과를 위해 나는 무엇을 해야 하나? • 의식 하에 내가 하고 있는 모든 행동의 집합
환경 Environment (최하위 단계)	• 나에게 필요한 환경은 무엇인가? • 장소, 시간, 주변 사람 등 물리적인 조건들

이 이론의 가장 큰 특징은 상위 단계의 의식이 변화하면

---

[1] 시바 겐타 저, 황혜숙 옮김, 『초보를 위한 NLP 입문』, 시그마북스, 2013, 193-199p.

하위 단계의 의식도 연쇄적으로 변화한다는 것이다. 그에 따라 각 단계들이 일으키는 인간의 행동에도 자연스러운 변화가 발생한다. 위에서 아래로 흐르는 물을 떠올리면 이해가 쉽다. 위(상위 단계)의 물에 소금을 부으면 아래(하위 단계)의 물들도 모두 짜게 변한다는 사실을 떠올려 보자.

이를 바탕으로 뉴로로지컬 레벨 이론을 다시 정리해 보면 다음과 같다. 사람의 행동 변화는 정체성, 가치/신념, 능력, 움직임, 환경 등의 의식 변화가 일어날 때 발생한다. (최상위 단계인 영적 단계의 경우, 종교인이나 철학자 등이 다루는 영적인 영역으로 알려져 있다. 이에 보통 사람은 접근이 어려우므로, 실용적 차원에서는 이는 제외하고 논하는 것이 일반적이다.) 이때 상위 단계인 정체성에 변화가 생기면, 하위 단계들도 그에 맞춰 변화를 일으키게 된다. 또한 단계별 행동들도 그에 따라 자연스럽게 변화되어 간다.

예를 들어보자. 프로그램 개발자로 성공하고 싶은 사람이 있다. 이 사람이 가장 먼저 해야 할 것은 무엇일까? 아마 그는 열심히 일해 모은 돈으로 성능 좋은 그래픽카드를 구매하거나(환경 단계) 개발 경험을 쌓기 위해 닥치는 대로 이력서를 넣는 변화를 취하고(움직임 단계) 있을지 모른다.

또는 국내외의 개발자 컨퍼런스에 참가하거나 자격증 공부에 열을 올리고(능력 단계) 있을지도 모른다. 평소 자기가 존경하던 개발자들의 사고방식이나 명언들을 모아 책상 위에 크게 써 붙이고 그대로 실천할 것을 굳게 다짐하고(신념 단계) 있을 수도 있다.

그러나 그가 개발자로 성공하기 위해 가장 먼저 해야 할 것은, 개발자로서 자신이 이루고자 하는 것이 무엇인가를 명확하게 인식하고 확립하는 것이다. 예를 들어 '나는 사람들에게 웃음을 주는 프로그램 개발자가 될 거야' 등과 같이 나의 사명이자 일을 하는 궁극적인 목적을 분명히 정하는 것이다. 이것은 곧 정체성 단계의 변화를 뜻한다. 정체성 단계의 내용이 명확해지면 다른 하위 단계의 내용들은 자연스럽게 변화한다. 그에 맞춰 생각과 행동의 방향이 명확해지고 속도도 빨라진다. 원하는 바를 얻기 위해 어떻게 변화해야 할지를 고민하고 방법을 모색하느라 시간을 허비할 필요가 없어진다.

앞서 '담배를 끊기 위해 가장 먼저 변화해야 할 것은 무엇인가'라는 질문에 대한 답도 이를 대입하면 쉬워진다. '건강한 몸을 유지해 나이가 들어서도 사랑하는 내 가족들에게 피해를 주지 않는 사람'이라고 내 존재의 목표를 명확하게 정의하는 것이다. 이러한 정체성이 확립되지 않는 한, 섬뜩한 폐의 사진으로 방을 도배해도, 담배와 담배를 연상시키는 그 모든 것들을 갖다 버려도, 금연패치를 붙여도, 사람들과 내기를 걸거나 금연에 성공한 사람의 마음가짐과 행동을 따라 하려고 노력해도, 장담컨대 결국 금연은 또 실패하고 만다.

**나는 어떤 사람이 되고 싶은가.
이것만 집중하자**

몇 해 전 겨울, 건축을 전공하고 지금은 국내 TOP 5의 메이저 종합건축사사무소에서 일하고 있는 김 선배를 오랜만에 대학모임에서 만났다. 나보다는 불과 세 살 위이지만 그는 이미 40대 초반의 나이에 상무(본부장) 자리에 올랐다. 누구나 들어도 알 만한 대형 건축 프로젝트들을 맡아 기대 이상의 성공을 거뒀기 때문이다. 소문이지만 그에게 프로젝트를 맡기고자 줄 서 있는 큰 손의 건축주가 한둘이 아니며, 덕분에 시장에서 그의 몸값은 타의 추종을 불허한다고 한다. 그날은 그런 그가 자랑스러운 동문의 자격으로 사람들에게 '나의 성공 비결'을 주제로 발표를 하는 날이었다. 비록 같은 모임의 구성원이긴 했으나 나는 그와 특별한 인연은 없었다. 모임에서 몇 번 같은 테이블에 앉아 인사 나눈 것이 전부였다. 그래서 더 귀를 기울였다. 그는 과연 어떤 사람이기에 그렇게나 성공을 거듭하고 있는지 궁금했다. 그날 그의 발표를 짧게 옮기면 다음과 같다.

"많은 것들이 오늘의 저를 있게 만들었습니다. 모두 감사한 것들뿐입니다. 회사의 좋은 시스템과 처우, 우수한 팀원들, 또 대학시절 받았던 양질의 교육들까지 여러 가지가 떠오르네요. 그중에서도 가장 중요한 한 가지를 콕 찍어야 한다면, 저는 저의 꿈 덕분이었다고 생각합니다. 저는 대학 졸업 후 사회에 처음으로 발을 딛을 때 스스로 제 인생의 꿈을 이렇게 정했습니다. '인류에 기여하는 건축물을 만드는 사람이 되자.'

전 어떤 건물을 설계하더라도 오직 단 한 가지, 어떻게 하면 이 건물이 인류에 기여할 수 있을지에 집중합니다. 고객의 요구는 언제나 다양하고도 복잡하지만 이것만은 절대 포기할 수 없습니다. 그런데 고객의 요구를 만족시키면서도 저의 꿈을 이뤄내는 방법은 너무도 많습니다. '삭막

한 세상에 심미적으로 사람들에게 감동을 주는 건축물', '지구에 해가 되지 않는 친환경 건축물', '누구에게나 안식처가 되는 친근한 건축물', '지역사회 구성원들에게 경제적 베풂을 주는 건축물' 등 지금까지 제가 설계한 건축물의 컨셉들입니다. 저의 꿈을 분명히 하니 제가 언제, 어디서, 어떻게, 무엇을 해야 할지 다른 것들은 다 답이 보이더라고요."

뉴로로지컬 레벨 이론을 기반으로 해석한다면, 김 선배의 꿈은 곧 그의 정체성이다. 김 선배는 스스로 그의 정체성을 자신에게 쉼 없이 주지시켰을 것이다. 고객의 무자비한 요구에 흔들릴 때마다 그는 정체성을 잊으면 안 된다고 자신에게 끊임없이 명령했을 것이다. 그 과정에서 그도 모르는 사이 그의 신념이나 능력, 행동이나 물리적 환경 역시 그가 꿈을 실현하기 유리한 방향으로 차츰 변화하여 정배열되어 있었을 것이고, 오늘날 그의 성공을 도왔을 것이다.

미국의 저명한 교육학자이자 체스 명인으로도 잘 알려진 애덤 로빈슨Adam Robinson은 변화에 실패하는 사람들에게 이렇게 말했다.

"기억하라. 매일 당신을 변화할 수 있는 8만 6,400초의 시간과 8만 6,400번의 기회가 주어진다는 사실을."

이는 변화의 기회가 우리에게 얼마든지 있음을 말해 주는 희망적 메시지이기도 하지만, 수많은 기회가 있음에도 불구하고 그 기회를 잡지 못하며 살아가고 있는 우리의 안타까운 현실을 말해 주기도 한다. 어쩌면 사실 우리는 변화의 기회를 잡지 못하는 것이 아니라, 잡았지만 잘못된 변화로 인해 기회를 손에서 놓쳐버리고 있는 것일 수도 있다. 우리에게는 변화에 대한 보다 영리하고 논리적인 접근이 필요하다. 무작정 보이는 대로, 생각나는 대로 바꿔서는 기회를 또다시 놓치고 말 것이다.

진정으로 변화하고 싶은가? 그렇다면 지금 가장 먼저 해야 할 것은 '나는 어떠한 사람이 되고 싶은가', 즉 나의 정체성을 명확히 하는 것이다. 정체성이 명확해지면 당신의 가치관, 신념, 능력, 움직임, 환경 등은 굳이 힘들게 노력하지 않아도 물 흐르듯 자연스럽게 변화한다. 그리고 그에 맞춰 당신의 행동들도 저절로 바뀌기 시작한다. 그렇게 변화가 거듭될수록 당신의 삶은 더욱더 만족스러운 삶이 될 것이며, 당신이 꿈꾸는 당신의 모습에 점점 더 가까이 다가

가게 될 것이다.

> DELETE Key.

매번 굳은 결심에도 변화가 어렵거나 실패하는 자신이 걱정이라면, 이제 그만 걱정을 지워버리자.

강한 이유는 강한 행동을 낳는다. 사람에게 정체성만큼 강한 이유는 없다. '나는 어떤 사람이 될 것인가'라는 질문에 스스로 명확히 대답할 수 있다면, 변화들은 쉬워진다. 흐르는 물과 같이, 변화도 흐른다. 위에서 아래로.

걱정 13장

다수가 옳다고 말하는

길을 걸어왔는데…

나는 왜 이렇게 힘든 걸까

"이 세상에서 내가 인정하는 유일한 독재자는,
내 안의 작은 목소리뿐이다."

_ 마하트마 간디(정치인, 민족운동가)

행복하지 않음은
남의 삶을 살고 있다는 증거

　나는 지하철 마니아다. 나는 언제나 지하철을 이용한다. 출퇴근할 때도, 친구를 만나러 갈 때도, 미팅을 나갈 때도, 시험을 보러 갈 때도, 쉬는 날 등산을 갈 때도, 나의 교통수단은 언제나 지하철이다. 내가 지하철을 좋아하는 이유는 거짓말을 하지 않기 때문이다. 아무리 앱을 통해 버스나 택시의 이동 상황과 소요 시간을 실시간 확인할 수 있는 시대라 하더라도, 정확성만큼은 결코 지하철을 따라갈 수 없다. 지하철은 사고만 없다면 예상 시간에 단 30초도 어긋나지 않는다. 그래서 언제나 가고자 하는 곳까지의 시간을 정확히 예측할 수 있다. 어릴 적부터 예측 가능성은 나에게 매우 중요했다. 나는 예측한 바가 실제와 어긋나는 것은 감당할 수 있어도 예측이 불가능한 상황에 놓일 때면 언제나 극심한 스트레스를 받곤 했다.

    성인이 된 지금도 별반 다르지 않다. 회사에서의 일들은 보통 두 가지로 구분할 수 있다. 다양한 사례들과 데이터 분석을 통해 어느 정도의 예측이 가능한 업무, 그리고 누구도 경험해 본 적 없어서 경과나 결과의 예측이 불가한 도전적인 업무. 나에게 선택의 기회가 주어진다면 나는 망설임 없이 전자의 업무를 선택한다. 혹여 후자의 업무를 맡게 될 때는 일하는 내내 불안감에 시달린다. 수행 이후에도 결과에 대한 걱정과 두려움으로 한동안 잠을 잘 이루지 못한다. (당연히 모든 사람들이 나와 같은 건 아니다. 누군가는 이런 업무에 더 큰 흥미를 느낀다.)

    과거 나의 어떤 경험으로 내가 이런 성향을 갖게 되었는지는 모르지만, 지금의 나는 확실히 말할 수 있다. 예측 가능성을 추구하는 사람. 이것이 곧 나의 진짜 모습이다. 이 모습에 맞춰 살아갈 때 난 가장 편하고 자연스럽다. 두 업무 중 무엇이 더 가치 있는가를 논하는 사람들의 목소리는 중요하지 않다. 예측 가능성이 확보된 상황 속에서 나는 나만의 능력을 충분히 발휘해 낼 수 있다.

거짓 나로 살아가고 있는 건 아닐까…
자신을 돌아보자

얼마 전 윤 과장이 긴히 할 말이 있다며 상담을 요청해 왔다.

신입사원 때부터 보아왔던 윤 과장도 어느새 10년 차 직장인이 되었다. 어느 회사나 마찬가지겠지만 과장 직위는 주어진 일에 대해 처음부터 끝까지 맡아 처리할 수 있는, 숙련도 있는 직원을 뜻한다. 윤 과장도 직위에 걸맞게 주어진 일을 안정감 있고 빈틈없이 처리한다는 평을 받고 있다. 뭐랄까, 우리가 일을 하다 보면 사람들과 수많은 데이터를 주고받는데, 왠지 이 사람이 보내온 데이터는 의심 없이 신뢰해도 될 것 같은 느낌이 든다. 사람들과의 관계도 별문제가 없다. 서글서글한 성격에 웃는 얼굴, 게다가 유머 감각도 있어 직원들 사이 인기도 꽤 좋았다. 그러나 어제의 윤 과장은 지금까지 알던 모습과 사뭇 달랐다. 꽤나 지쳐 있었고, 매우 불안하고 초조한 모습이었다. 그는 몇 번을 망설이다가 조심스럽게 말을 꺼냈다.

"제게 직장 생활의 큰 위기가 찾아온 것 같아요. 참아봤는데 이제 더 이상은 버티지 못하겠습니다. 솔직히 말씀드리면 저는 누군가와 역할을 나누거나 서로 의견을 조율하여 진행하는 협업 업무들이 너무 힘듭니다. 제게 큰 스트레스입니다. 저는 혼자 일하는 것이 편합니다. 저만의 과제를 수행하고 저만의 성과를 내는 환경에서 훨씬 더 동기부여가 됩니다. 물론 그것이 잘못되었을 때의 책임도 저 혼자 지는 것이 훨씬 마음 편합니다. 그런데 협업을 하게 될 때면 저는 자꾸 숨게 되어요. 제 생각과 다르거나 제 마음에 들지 않는 내용들이 오갈 때도 입을 닫게 됩니다. 결국 저는 남들이 결정해 놓은 것을 기계처럼 수행하는 역할밖에 못 하게 되지요. 그럴 때마다 제 자존감은 바닥을 칩니다. 업무 능률도 오르지 않아 귀한 시간만 허비하고 있다는 자책감이 듭니다. 이유는 잘 모르겠습니다. 소통하는 중간중간 사람들과 발생하는 갈등 상황을 워낙 불편해서 그런 것 같기도 합니다. 또 실행은 하지 않고 말만 앞서는 프리라이더들이 꼴 보기 싫어서 그런 것일 수도 있습니다. 그런데 더 큰 이유가 있습니다. 사실 전 온전히 저만의 성과를 내고 싶어요. 며칠 밤을 새워도 전혀 상관없습니다. 제 이름으로 된 성과와 그에 따른 인정과 보상을 원합니다. 그런 환경에서만 전 업무 동기가 생기거든요."

직장생활의 핵심은 '협업'에 있다고 굳게 믿어왔던 나로서는 적잖은 충격이었다. "온전히 저만의 성과를 내고 싶어요"라는 말이 전혀 이해되지 않았다.

"유 과장, 회사라는 곳은 말이지, 개인의 성과가 아니라 조직의 성과를 만들어 내는 곳이야. 서로 협력하고 의견을 나누고 소통하기 위해 무조건 노력해야지. 윤 과장이 그 노력을 하지 않는다면 어떤 조직에 가도 계속 이 고민을 하게 될 거야. 만약 사람과의 소통이 어렵거나 프리라이더 문제라면 내가 방법을 같이 고민해 줄 수 있어."

큰 고민 없이 이렇게 대답하려는 순간, 윤 과장은 내 말을 예측이라도 한 듯 한발 앞서 말을 이어갔다.

"제가 회사 생활을 잘 못하는 거겠지요? 저도 알고 있어요. 저 같은 성향의 사람은 회사 생활을 하면 안 된다는 것도 충분히 느끼고 있습니다. 뾰족한 수가 없을 것 같아요. 저도 먹고살기 위해서 회사를 그만둘 수는 없으니, 아무리 괴롭더라도 더 참아볼게요."

나는 그 순간 깨달았다. 회사라는 공간에서 동료와 소통하고 공동의 성과를 위해 협업하는 것이 누군가에게는 이토록 큰 괴로움이고 스트레스일 수 있다는 사실을 말이다.

갑자기 이런 생각이 들었다. 만약 누군가 나에게 다음과 같이 말힌다면, 나는 어떨까?

"세상엔 너무 많은 변수들이 있고 미래는 아무도 모르는 것입니다. 그러니 예측 가능성을 중요하게 생각하는 당신의 가치관과 삶의 방식은 모두 잘못된 것이에요. 그 일의 결과도 아무런 가치가 없습니다. 생각을 모조리 바꾸세요. 그 과정이 아무리 힘들고 괴롭더라도 참고 버티세요."

아마도 나는 매일매일 아니 매 순간순간이 초조함과 불안함의 연속일 것이며, 진짜 나의 모습을 숨기고 가짜 나의 모습으로 살아가야 한다는 답답함에 상상하기도 끔찍한 큰 스트레스에 시달릴 것이다.

거짓 나로 버티며 살아가는 건
나를 향한 폭력이다

　사람은 진짜 나의 모습대로 살아갈 때 가장 편안하고 자연스럽다. 또한 심리적 안정감 속에서 내가 가진 힘을 가장 잘 발휘할 수 있다. 그런데 문제는, 우리 사회는 다수의 사람들이 생각하는 방식만이 옳은 것이라고 여긴다는 것이다. 그리고 그것을 '객관적인 것'이라 말한다. 회사에서도 마찬가지이다. 대표적으로 협업, 소통, 리더십, 혁신과 같은 것들이다. 이것들은 회사 안에서 다수의 사람들에게 절대적인 지지를 받는다. 그들은 이유를 불문하고 모두가 그것을 따르고 훈련받을 것을 요구한다. 때때로 정해놓은 수준에 충족하지 못하면 무능력한 사람이라며 날 선 비난도 서슴지 않는다. 비주류로 내몰아 배척하는 경우도 흔하다.

　그러나 객관적인 것이 곧 진리를 의미하지는 않는다. 우리는 단지 가장 많은 사람들이 생각하는 답을 객관적인 것이라고 간주할 뿐이다. 모든 것은 상황과 입장에 따라 다를 수 있다. 누군가는 윤 과장의 경우처럼 협업이나 소통이 편하지 않을 수 있다. 누군가는 리더를 맡아 구성원을 책임지고 조직을 이끄는 것을 크나큰 부담으로 여기는 사람도 있다. 또한 태생적으로 혁신적인 아이디어를 창출하는 것보다 문제가 생기지 않도록 안전하게 유지하고 관리하는 것이 더 적합한 사람도 있다. 모든 직무가 협업, 소통, 리더십, 혁신 등을 요구하는 것은 아님을 우리는 잘 알고 있다.

그럼에도 불구하고 우리는 다수가 원하는 삶을 위해 나의 모습을 바꾸고자 노력한다. 진짜 나를 버리고 가짜 나로 살아갈 결심을 하는 것이다. 이 과정에서 대부분의 사람들은 윤 과장의 경우처럼 괴로움을 호소한다. 자존감은 땅에 떨어지고 마치 남의 옷을 입고 있는 것처럼 내내 불편함을 느낀다. 억지웃음으로 숨기고는 있지만 속은 썩어가고 있으며 매일의 출근길이 스트레스의 연속이다. 진짜 나를 점점 지워가고 있는 것이다.

진짜 나로 살아가기 위한
노력을 시작하자

미국에서 가장 위대한 사상가 중 한 명으로 꼽히는 랄프 왈도 에머슨Ralph Waldo Emerson은 "끊임없이 나를 다른 사람으로 만들려고 노력하는 세상에서, 나 자신이 되는 것이 가장 큰 성취"라고 말했다. 다시 한 번 말하지만 사람은 진짜 나의 모습대로 살아갈 때 가장 안정적이고 편안하며 자연스럽다. 진짜 나로 살아감에 집중해야 한다. 이를 위해 중요한 것은 네카라쿠배와 삼성전자의 빈자리를 찾는 일보다 나의 성향과 능력에 부합한 직무가 무엇인가를 찾아내는 것이다. 지금까지는 다양한 이유들로 회사를 먼저 정하고 나를 거기에 맞추고자 노력해 왔다면, 이제는 나를 먼저 정확하게 분석하고 나와 어울리는 직무를 찾아내려는 노력이 필요하다. 그래야만 진짜 나로 살아갈 수 있기 때문이다. (이미 10년 차 직장인이 되었다 해서 나와는 관계없는 일로 무시해 버려선 안 된다. 앞으로 당신의 직장 생활은 20년도 더 넘게 남았다.)

나를 분석할 수 있는 가장 빠르고 정확한 방법은 나를 향해 표준화된 질문들을 던지고 그 답들 속에서 필요한 정보들을 찾아내는 것이다. 이러한 방식을 '진단'이라고 한다. 사람을 분석하는 진단 중에서는 MBTI 검사나 BIG5[1] 진

---

[1] Big Five Personality Traits, 인간의 핵심 성향을 개방성, 성실성, 우호성, 외향성, 정서적 안정성 등 5가지로 나누고, 진단을 통해 각 성향에 대한 개인의 정도를 파악하여 알려줌.

단 등이 우리에게 가장 친숙하다. 그런데 그들 중에서도 특히 분석을 통해 나에게 적합한 '직무'를 찾아주는 진단 도구도 있다. DiSC 진단과 버크만 진단이다.

　DiSC 진단은 회사의 직무들이 요구하는 행동양식을 4가지 유형[주노형 Dominance, 사교형 Influence, 안정형 Steadiness, 신중형 Conscientiousness]으로 분류하고, 진단을 통해 나에게 해당하는 유형을 확정한다. 이후 그 유형에 해당하는 직무들을 소개하고, 업무 시 고려해야 할 나의 강점과 보완해야 할 약점 등에 대한 정보를 제공한다. 나 역시 재직했던 회사에서 전 임직원 대상으로 DiSC 진단을 실시하고 임직원의 커리어 개발, 직무 이동 등의 목적으로 그 결과를 유용하게 활용했던 경험이 있다.

　산업 및 조직심리학자 로더 버크만 Roger Birkman에 의해 개발된 버크만 진단은 DiSC 진단과 목적 및 기능은 유사하다. 행동하는 사람, 소통하는 사람, 생각하는 사람, 분석하는 사람 등 사람의 특성을 네 가지로 분류하는 방식도 동일하다. 차이점이 있다면 버크만 진단은 나의 유형을 어느 한 가지로만 확정하지 않는다는 점이다. 대신 유형별 정도(강도) 수준을 정밀히 측정하여 제공함으로써 나를 보다 정확히 분석할 수 있게 돕는다. 또한 유형과 정도를 고려한 추천 직무도 상당히 구체적으로 제공한다. 개인이 흥미 있어 할 직무에 대한 제안도 포함한다. 이 같은 이유로 버크만 진단은 직장인들에게 나에게 맞는 직무를 찾기 위한 매우 유용한 도구로 널리 이용되고 있다. 또한 대기업 등에서는 팀 빌딩을 위한 도구로도 활발히 활용되고 있다.

윤 과장과 이야기를 나눈 지 일주일 후, 우리는 다시 만났다. 그리고 이번에는 내가 먼저 이야기를 이어갔다.

"먼저 윤 과장 스스로 '나는 어떤 사람인가'에 대해 충분한 시간을 갖고 고민해 봐야 할 것 같아. 무조건 타인이 혹은 사회가 요구하는 것들에 윤 과장을 맞출 필요는 없어. 무엇도 정답은 아닌 거니까. 아직 충분한 시간이 있어. 시간이 걸리더라도 거짓 윤 과장이 아닌, 진짜 윤 과장에게 맞는 직무가 무엇인지를 찾아보자. 그래야 지금의 괴로움과 스트레스에서 벗어날 수 있을 거야."

그리고 나는 다양한 직무들과 그 직무를 수행하기 위해

---

2 이러한 도구들은, 여러 민간업체의 서비스를 통해 누구나 단 몇만 원대의 금액으로 손쉽게 진단이 가능하다.

필요한 역량들이 정리되어 있는 자료집을 찾아 건네주었다. 또한 나에게 맞는 직무를 찾아낼 수 있는 몇몇 진단 도구들을 소개해 주었다. 아마 윤 과장은 그것들을 통해 상대적으로 협업과 소통은 많이 하지 않되 꼼꼼하고 정확한 그의 장점을 발휘할 수 있는, 자신만의 독립된 성과를 낼 수 있는 직무를 찾아낼 것이다. 그리고 필요하다면 그 일을 하기 위해 이직을 선택할지도 모른다. 그렇게 그는 위기를 극복하고, 고통 없는 진짜 나로서의 삶을 걸어갈 것이다.

'행복하지 않다면 그것은 곧 남의 삶을 살고 있다는 증거'라는 말이 있다. 인간은 나의 삶을 살 때 비로소 행복해질 수 있다.

DELETE Key.

남들은 내게 잘살고 있다 말하지만 나는 맞지 않는 옷을 입은 것 같아 매일이 괴로워 걱정이라면, 이제 그만 걱정을 지워버리자.

다시 시작할 시간은 충분하다. 진짜 나로 살기 위한 노력을 시작하자. 거짓 나로 사는 불편함을 버려버리자. 나에게 맞는 일, 내가 가장 안정적이고 편하게 할 수 있는 일을 찾아야 한다. 왜냐고? 그래야 가장 큰 성과를 낼 수 있기 때문이다. 그리고 당신이 고통 없이 오랫동안 그 일과 함께할 수 있기 때문이다.

걱정 14장

왜 나는 항상

그들에

못 미치는 것일까

"건전한 열등감이란 타인과 비교해서 생기는 것이 아니라
'이상적인 나'와 비교해서 생기는 것이다."

_ 베스트셀러, 『미움받을 용기(2014)』 중

평균,
그 허상을 향한 집착에 대하여

광고회사에 근무하고 있는 장 프로는 올해로 8년 차가 되었다. 광고회사는 소문처럼 업무강도가 높았다. 야근은 일상이고 밤샘 업무도 허다했다. 광고주의 요청이 있으면 주말에도 팀원 모두가 출근해 머리를 맞대고 월요일 아침까지 송부할 아이디어를 짜내야 했다. 그래도 장 프로는 이 생활에 불만이 없었다. 크리에이티브creative의 꽃, 광고쟁이라는 자부심 덕분이었다. 그런 그의 열정은 업계 내에서도 유명했고 광고주들도 그와 함께 일하기를 원했다. 덕분에 승진도 남들보다 좀 더 빨랐다.

그런데 얼마 전부터 장 프로가 이상하다. 의욕도 에너지도 없어 보이고 며칠 전에는 고객과의 약속도 펑크를 냈다. 입사 이후 처음 있었던 일이었다. 그러나 그것보다 더 큰 문제는, 그의 아이디어가 예전 같지 않다는 것이다. 전과 같이 톡톡 튀던 크리에이티브는 사라졌으며, 사람들은 그의 아이디어에 따분함을 느꼈다.

　장 프로가 이렇게 변한 이유는 얼마 전 친구로부터 받은 링크 하나 때문이다. 링크의 내용은 한 국내 은행 산하 연구소에서 발간한 직장인의 경제활동 리포트였다. 그 안에는 30대 중반의 평균 소득(업종별), 지출, 자산, 부채, 경제활동 시간 등 갖가지 통곗값이 나열되어 있었다. 장 프로는 그 리포트를 몇 번이나 되풀이해 살펴보았다. 믿을 수 없었다. 생전 처음으로 상실감이란 것을 느꼈다. 누구보다 열심히 살았고 누구보다 자신의 일에 자부심이 높았지만 그가 본 숫자들은 그를 순식간에 루저loser로 만들었다. 소득, 자산 등 모든 지표에서 그는 평균 이하였다. 평소 그가 자신의 일에 비해 편하고 쉬운 업무라고 무시해 왔던 업종의 종사자들도 그보다 평균 소득이 높았다. 반대로 그의 업무시간은 그들의 평균 업무시간을 훌쩍 뛰어넘어 있었다. 이 결과들은 장 프로에게 커다란 충격이었다. 그는 더 이상 자신의 일에 가치를 느끼지 못했다. 지금껏 그를 지탱해 왔던 '나는 가치 있는 사람'이라는 자부심 또한 상실해 버렸다.

일에 대한 어떤 열정도, 의욕도 생기지 않았다.

평균은 결코 완벽하거나 이상적이지 않다

사람들은 언제나 자신과 타인을 비교한다. 표면적으로는 자신의 삶에 대한 점검과 평가를 위해서라고 말하지만, 이면을 들여다보면 꼭 그렇지만은 않다.

먼저 사람들은 자신의 불만에 정당성을 부여하기 위해 비교를 사용한다. 예를 들어 나와 유사한 일을 하는 타인이 나보다 높은 연봉을 받고 있음을 발견했다면, 이는 평소 내가 갖고 있던 연봉에 대한 불만에 정당성을 실어주게 된다. 그리고 이는 나의 의사결정(가령 이직 등)에 결정적인 근거로 활용된다. 일종의 자기합리화 수단인 것이다. 장 프로 역시 말은 하지 않았지만, 그동안 자신의 연봉이나 성과급 수준에 불만이 쌓여 있었을지 모른다. 그리고 리포트를 확인하는 순간, 자신의 불만에 강력한 힘이 부여된 것이다.

또한 사람들은 자기 위안이 필요할 때 비교를 사용하기도 한다. 비교를 통해 자신이 타인보다 우월한 부분을 찾고

(아니 기어코 찾아내고) 그 안에서 심리적 안정을 느끼는 것이다. 만약 장 프로가 열어본 리포트에서 30대 중반의 평균 소득이 장 프로보다 현저히 낮았다면 장 프로는 어땠을까? 아마도 지금과 달리 일에 대한 만족감에 충만해져 있을 것이다. 또한 성공적인 삶을 살고 있다는 안도감과, 타인보다 우월한 삶을 살고 있다는 자부심으로 의기양양해 있을 것이다.

자기합리화이든 자기 위안이든 상관없다. 타인과의 비교를 통해 자신에게 이로운 방향으로 나아갈 수만 있다면, 이는 큰 문제가 되지 않는다. 이보다 더 건전하고 손쉬운 자기성장 방법이 어디 있으랴.

그런데 문제는 이런 방법들이 순간적으로는 이로운 방향으로 가는 듯 보여도 중장기적으로 우리의 성장을 막는 걸림돌이 될 수 있다는 점이다. 이는 우리가 타인과 비교할 때 흔히 사용하는 '평균'[1]이란 도구가 지닌 위험성 때문이다. 장 프로의 경우처럼 타인과의 비교로 실의에 빠진 수많은 직원들은 '평균'을 매우 완벽하고 이상적인 숫자로 여기

---

[1] 우리가 사용하는 평균(산술평균)이란 전체 수의 합을 전체 수의 개수로 나눈 값이다.

고 깊게 신뢰하는 경향이 있다. 그런데 과연 평균이 그만한 가치가 있는 숫자일까? 삶의 중요한 의사결정의 근거로 활용하거나 성공적인 삶의 척도로 활용할 만큼 평균과의 비교가 절대적인 기준이 될 수 있는 것일까? 지금부터 평균에 얽힌 일화 하나를 소개하고자 한다.[2]

1940년대 말, 미국 공군은 심각한 난관에 봉착했다. 공군 조종사들이 제트엔진 덕에 보다 빨라지고 복잡해진 전투기 조종에 애를 먹고 있었기 때문이다. 하루에 17명의 조종사가 추락을 겪는 일도 발생했다. 미국 정부도 당황하여 기계적 결함, 조종사 과실 등을 판단하기 위해 수차례 조사를 반복했으나 결국 원하는 답을 얻지 못했고, 추가적인 수차례의 분석 끝에 이들은 다음과 같은 가설에 다다른다.

'조종석의 설계에 문제가 있을 것이다.'

당시 조종석은 1926년 당시 조종사들의 평균 신체 지수에 맞춰 설계되어 있었다. 엔지니어들은 그 후 20년이 훌쩍 지난 지금 조종사들의 체격조건도 많이 바뀌었을 것이라는 합리적 의심들을 하기 시작한 것이다. 이에 공군은 사상 최

---

[2] 토드 로즈 저, 정미나 옮김, 『평균의 종말』, 21세기북스, 2018, 17-22p.

대 규모의 조사를 시작했다. 4,063명의 조종사를 대상으로 엄지손가락 길이, 가랑이 높이, 조종사의 눈과 귀 사이의 간격 등 무려 140가지 항목의 치수를 측정했다. 그리고 그 개선된 조종사 평균 치수를 바탕으로 조종석을 재설계하였다. 이제 모든 사람들은 추락 사고가 줄어들 것이라 확신했다. 단 한 사람만을 제외하고.

그는 23세의 과학자, 길버트 S. 대니얼스 중위였다. 대니얼스는 조종사들의 신체를 측정하는 내내 다음과 같은 의문을 떨칠 수가 없었다. '과연 평균치인 조종사들이 몇 명이나 될까?' 대니얼스는 직접 그 의문을 풀어보기로 하고, 140개 항목 중 조종석 설계상 가장 중요하다고 판단되는 10개 항목을 뽑아 그 평균값과 조종사 4,063명 전체의 값을 일일이 대조해 보기 시작했다. 평균값과의 편차가 30퍼센트 이내라면 평균치에 해당한다고 인정하였다.

그리고 얼마간의 시간이 흐른 뒤 드디어 결과가 나왔다. 그 결과는 모두를 충격에 빠뜨렸다. 10개 항목 모두 평균치인 사람은, '0명'이었던 것이다! 4,063명의 조종사 중 10개 전 항목에서 평균치에 모두 해당하는 사람은 단 한 명도 없었다. 이는 의미했다. 평균적인 조종사에게 맞는 조종석을 설계해 봐야 결국 어느 누구에게도 맞지 않는 조종석을 설계하는 셈이란 걸 말이다.

이 일화는 아무런 의심 없이 평균이라는 숫자를 신뢰할 때 얼마나 위험한 일이 벌어질 수 있는가를 보여준다. 또한 수의 세계에서는 흠 없이 합리적으로 보이는 평균이란 숫자가, 인간의 세계에 적용되었을 때 개개인의 특성을 얼마나 묵살할 수 있는가를 보여준다. 평균 연봉에 관한 문제도 이것과 다르지 않다.

예를 들어, 5명의 직장인이 있다. 이들은 37세 동갑내기 친구들로 각각 5천만 원, 5.5천만 원, 6천만 원, 6.5천만 원, 1.2억 원의 연봉을 받는다. 그렇다면 이들의 평균 연봉은 7천만 원이고, 이 기준에 따르면 이들 중 80%, 즉 4명은 평균 미만의 연봉 소득자가 된다. 그럼 이 4명은 자신의 연봉에 불만을 가져야 함이 마땅할까? 또한 만약 5천만 원의 연봉을 받는 자는 일이 자신의 적성에 너무나 맞아 행복한 삶을 살고 있지만, 1.2억 원의 연봉을 받는 자는 그 반대의 삶을 살고 있다면, 그래도 1.2억 원 연봉 소득자의 삶을 더 성공한 삶이라 말할 수 있을 것인가?

적어도 인간의 세계에서 평균이란 숫자는 못 미치면 좌절과 상심을, 넘어서면 우월감과 교만을 느낄 만큼 가치 있는 숫자가 아닐 수 있다.

**평균에 대한 집착은
그 누구에게도 행복을 가져다주지 않는다**

 그럼에도 불구하고 주위를 둘러보면 상당히 많은 사람들이 평균에 집착한다. 이들은 기본적으로 인간관계를 '경쟁'으로 바라본다는 특징이 있다. 이들은 평균이란 숫자를 경쟁자가 얻은 점수로 인식하고, 만일 내가 평균에 미치지 못한다면 그들은 승자, 자신은 패자로 단정 짓는다. 그러고는 장 프로처럼 패배감에 좌절하거나 상실감에 괴로워한다. 또한 스스로를 남보다 못하거나 무가치한 인간으로 낮춰 평가하며 고통에 시달리기도 한다. 즉 열등감에 빠지게 되는 것이다.
 직장인들은 회사에서 수없이 많은 인간관계를 형성하며 살아가게 된다. 만약 평균에 집착한 나머지 그 모든 인간관계를 '상생'이 아닌 '경쟁'으로 인식하는 순간 직장인의 삶은 불행해질 수밖에 없다. 결코 완벽하거나 이상적이지도, 때때로 허상에 가까운 평균이라는 숫자 때문에 자신의 행복을 스스로 지워버리는 것이다. 평균에 대한 집착을 경계해야 하는 가장 큰 이유이다. 세계적인 베스트셀러 『미움받을 용기』에서 작가는 다음과 같이 말했다.

"인간관계의 중심에 경쟁이 있으면 인간은 영영 인간관계에 대한 고민에서 벗어나지 못하며, 질지도 모른다는 공포에 사로잡혀 필연적으로 불행에서 벗어날 수 없다."

평균에 대한 집착을 경계해야 하는 또 하나의 이유는, 더 나은 나를 포기하게 된다는 점 때문이다. 평균에 집착하는 이들은 자신의 숫자가 평균보다 높음을 확인하는 순간, 타인보다 성공한 삶을 살고 있다는 착각과 타인보다 우월하다는 망상에 빠지게 된다. 그리고 이때부터 더 나은 삶을 위한 뜀을 멈추고 걸음을 택한다. 이미 타인보다 앞서고 있는 상황에서 전력 질주할 필요도, 역경과 고난에 맞설 동인도 느끼지 못하기 때문이다. 마치 그 옛날 결승점을 앞두고 저 멀리 기어 오는 거북이를 바라보며 잠이 들어버린 토끼와도 같다.

기시미 이치로·고가 후미타케 저, 전경아 옮김, 『미움받을 용기』, 인플루엔셜, 2014, 111-119p

핀란드어로 시수_sisu_라는 말이 있다. 전 세계 어떤 단어로도 대응할 수 없는 단어인 시수는 '자신의 능력이 한계에 도달했다고 느낀 뒤에도 계속 시도할 수 있는 정신력, 용기'로 해석할 수 있다. 사람은 이 시수를 거쳐야만 비로소 성공에 이를 수 있으며, 자신의 한계를 한 단계 더 끌어올릴 수 있다.

회사에서 힘든 도전을 성공했던 경험들을 떠올려 보자. 아마 당신은 성공을 코앞에 두고 능력의 한계를 맛보며 형언할 수 없는 고통과 어려움에 봉착했을 것이다. 하지만 당신은 정신력으로 그것을 극복하며 결국 성공에 이르렀고, 당신의 한계를 끌어올리며 더 나은 직장인으로 성장했을 것이다. 그때의 정신력, 그것이 바로 시수의 본질이다. 반면 평균에 집착한 나머지 타인보다 우월하다는 착각과 망상에 빠져 더 이상의 내딛음을 멈춘 자는 결코 이 시수를 경험하거나 알지 못한다. 그들은 현재에 안주할 뿐, 고통과 어려움을 극복하고 자신의 한계를 뛰어넘으려는 노력을 하지 않는다. 이상적인 나의 모습에 도달하기 위한 성장의 노력에도 열정을 쏟지 않는다. 그렇게 그들에게 지금보다 더 나은 미래는 점점 더 희미해져 간다.

평균에 대한 집착은 언제나 불행만을 가져올 뿐이다.

DELETE Key.

평균에 미치지 못해 좌절하고 있다면 또는 평균보다 위에 있어 만족과 우월감을 느끼고 있다면, 이제 그만 평균에 대한 집착은 지워버리자.

평균은 타인들의 정보를 보기 쉽게 정리한 것일 뿐 완벽하지도, 이상적이지도 않다. 어쩌면 당신의 삶과는 전혀 상관없는 숫자일지도 모른다. 지금 당신에게 중요한 건 스스로 꿈꾸고 있는 '이상적인 나'의 모습이다. 열등감을 느끼는 대상도 오직 '이상적인 나'뿐이어야 한다. 이상적인 내가 되기 위해 당신은 끊임없이 성장해야 하며, 그것만으로도 에너지와 시간은 턱없이 부족하다. 타인들의 숫자 따위에 집착해 좌절이나 상심, 우월감과 교만 등을 느낄만한 여유는 없다. 당신에게 불행만을 가져올 뿐이다.

"*Carpe diem, Quam minimum credula postero.*"
(오늘을 붙잡게. 내일이라는 말은 최소한만 믿고.)[*]

_ 호라티우스(고대 로마의 시인)

* 한동일 저, 『라틴어 수업』, 흐름출판, 2021, 161p.

> 에필로그

당신의 걱정은
모두 가짜일 수 있다

**하찮고 의미 없는
걸음이란 없다**

우리는 지금까지 직장인들의 걱정 삭제법에 대해 살펴보았다. 그런데 미처 다루지 못한 걱정들도 있다. 흔히 쓸데없는 걱정이라고 불리는, '가짜 걱정'이 그것이다. 지금부터 소개할 이 가짜 걱정은 사실 머릿속에만 존재하는 허상에 가깝다. 걱정하지 않아도 현재에 아무런 영향을 미치지 않는 것들이다. 하지만 상당수의 사람들은 이 가짜 걱정에 사로잡혀 두려움과 불안, 우울함을 느끼며 힘들어한다. 또한 이로부터 회피하기 위해 많은 시간과 에너지를 낭비하기도 한다. 결론부터 말하자면, 이 가짜 걱정을 삭제하는 유일한 방법은 아무 걱정 없이 그것들을 휴지통에 처넣어 버리는 것뿐이다.

 중형 게임사에서 근무하고 있는 제이는(이 회사에서는 호칭으로 영문 이름을 사용한다)은 모바일 인디게임 시장에서 꽤 주목받는 게임개발자이다. 2년 연속 인디게임쇼에 회사의 대표로 참여해 자신이 만든 게임을 직접 소개하기도 했으며, 이를 계기로 대형 게임개발사로부터 좋은 조건으로 오퍼를 받기도 했다.

 그러나 그는 요즘 일에 통 집중이 되지 않는다. 고등학생 시절부터 그토록 원하던 게임개발자가 되었는데도 전혀 행복하지 않고 불안하기만 하다. 그 이유는 딱 하나, 미래에 대한 막연한 걱정 때문이다. '창의적인 아이디어만이 생존을 결정하는 인디게임 시장인데 갑자기 머리가 굳어 그저 그런 평범한 개발자로 낙오되어 버리는 건 아닐까?', '모바일 게임 산업이 주춤하는데 빨리 다른 쪽으로 커리어를 잡아야 하는 것일까?', '설사 개발자로 성공한다 하더라도 내가 과연 몇 살까지 이 일을 할 수 있을까?', '10년, 20년 후에도 과연 사람들은 스마트 폰으로 게임을 하고 있을까?'

이제 막 30대에 들어선 그는 불확실한 미래들이 너무나 두렵다. 미래를 위해 한 살이라도 어린 지금 무엇인가 대비하지 않으면 결국 내쫓기듯 자영업자의 길을 택해야 할 것 같다는 걱정만이 머릿속에 가득하다. 그러다 보니 개발 중인 게임에 도무지 몰입이 되지 않는다. 개발 진척도는 제자리를 맴돌고 있으며, 스토리와 일러스트는 산으로 가고 있다. 그의 무기력은 나날이 심해지고, 새로운 아이디어를 짜낼 시간에 내내 취업 포털만 기웃거리고 있다. 1년에 두세 개의 게임까지도 개발해 냈던 그였는데, 최근에는 1년 반 동안 단 한 개의 신작 게임도 개발하지 못하고 있다.

40대에 접어들면 사실 위와 같은 걱정은 흔한 일이 아니다. 좀처럼 커리어 변경이 쉽지 않은 나이이기에, 어떻게 하면 현재 나의 입지를 더욱 굳힐 수 있을 것인가에 더 집중해야만 하기 때문이다. 반면 20~30대 직장인이라면 누구나 여러 차례 제이든과 같은 걱정에 빠진다.

때때로 이는 무엇이든 새롭게 도전해 볼 수 있는 20~30대 직장인들에게 새로운 기회를 선사하기도 한다. 그러나 생각보다 많은 20~30대 직장인들은 제이든과 같이 미래에 대한 두려움으로 고통받고 있다. 그리고 현실로부터의 도피를 선택하곤 한다. 이와 같은 현상은 특히 회사 내 나와 같은 커리어 패스를 거쳐 성공한 롤 모델이 존재하지 않거나 불확실성이 큰 산업군에 종사하고 있을 때보다 심화된다.

그들은 과연 자신이 앞으로 나아가고 있는지, 도태되고 있는 것은 아닌지 의구심과 불안감을 느낀다. 아무것도 보이지 않는 사막 한가운데를 기약 없이 걷고 있는 듯한 막막함도 느낀다. 안타깝게도 이 걸음이 길어질수록 사람은 점점 육체적으로, 정신적으로 탈진해 간다. 그리고 결국 남아 있던 열정과 에너지가 모두 소진되면 이때부터는 모든 것이 부정적으로만 인식된다. 또한 이로 인한 우울증으로 신체 기능은 무력해진다. 우리는 이 같은 현상을 '번아웃 증후군Burnout Syndrome'이라 말한다.

실제로 번아웃 증후군을 겪고 있는 직원들과 이야기를 나누다 보면, 지금 하고 있는 일이 육체적으로, 정신적으로 버틸 수 없을 만큼 힘든 것이라고 말하는 경우는 많지 않다. 대신 그들은 말한다. 지금 하고 있는 일들이 나의 미래에 반드시 도움이 되고, 내가 옳은 방향으로 나아가고 있으며, 지금의 시간들이 쓸데없지 않다는 확신만 있다면, 무슨 일이든 얼마든지 해낼 수 있다고 말이다. 그렇다. 결국 번아웃 증후군은 불확실한 미래에 대한 막막함과 불안감이 불러오는 위기인 것이다.

21세기 혁신의 아이콘 애플Apple의 스티븐 잡스Steven Paul Jobs는 2005년 스탠퍼드대 졸업식 축하 연설에서, 대학 공부에 흥미를 느끼지 못해 자퇴를 하고 몰래 수강했던 캘리그래피(아름답게 쓰인 서체 또는 그 기술) 수업이 오늘날 맥Mac의 성공을 만들어 냈다는 일화를 소개한 바 있다. 그리고 이를 '커넥팅 더 닷connecting the dot'이라 불렀다. 이는 우리가 현재의 점들이 미래의 어떤 점과 연결될 것인가를 모르고 있을 뿐, 현재의 점들은 미래의 점들과 어떻게든 연결되어 있음을 의미한다. 잡스는 말하고 싶었을 것이다.

"지금 가고 있는 길이 어딘지도 모르겠고 끝이 없는 길처럼 막막하게 느껴지더라도, 지금 내딛는 한 걸음 한 걸음이 언젠가는 우리를 목적지에 도착할 수 있도록 해줄 것이다. 인생이라는 길에서 하찮고 의미 없는 걸음이란 없다."

미래에 대한 막막함과 불안감을 해결하는 문제는 생각

보다 간단하다. 지금 이 일이 미래의 나에게 어떤 형태로든 긍정적인 도움을 줄 것이라는 확신을 갖는 것이다. 어떤 미래가 펼쳐질지는 모르지만 이러한 믿음만 있다면 지금의 순간순간에 보다 충실해질 수 있다. 번아웃 증후군의 위기로부터도 빠져나올 수 있다.

    미래는 나의 어떤 노력으로도 통제할 수 없다. 지금 내가 하고 있는 이 일이 미래의 나에게 어떤 도움이 될지, 어떤 기회를 가져다줄지 어떠한 확신도 없다. 그러나 미래를 알지 못한다 하여 현재를 멈추어 버린다면, 현재는 미래에 그 어떤 영향도 주지 못한다는 것만큼은 분명하다.
    어릴 적 수학 시간에 배웠던 개념 하나가 있다.
    '점이 움직인 자리는 선이 되고 선이 움직인 자리는 면이 된다. 결국 거대한 면은 수많은 점들의 흔적이다.'
    미래에 대한 막막함과 불안감으로 두려움에 빠져있다면, 그로 인해 현실로부터 도피하고 싶거나 번아웃 증후군에 빠져 힘들어하고 있다면, 어차피 통제할 수 없는 미래에 대한 걱정 따위는 이제 그만 휴지통에 던져버리자. 오직 현재의 점에만 집중하자. 그게 나를 위해 내가 할 수 있는 가장 최선의 선택이다.

DELETE

세계적으로 유명한 심리학자 크리스 코트먼과 해롤드 시니츠키는 걱정에 대해 이렇게 정리하였다.

"걱정은 아무런 영향력을 행사하지 못하는 어떤 일에 대해 마치 영향력을 행사할 수 있는 듯이 느끼게 하는 정신 전략이며, 이는 일종의 미신적인 행동과도 같다."

* 크리스 코트먼, 해롤드 시니츠키 저, 곽성혜 옮김, 『감정을 선택하라』, 유노북스, 2016, 90-95p.

DELETE

초판 1쇄 인쇄	2025년 06월 12일
초판 1쇄 발행	2025년 06월 19일
지은이	한 민
펴낸이	김양수
책임편집	이정은
교정교열	연유나
펴낸곳	휴앤스토리
	출판등록 제2016-000014
	주소 경기도 고양시 일산서구 중앙로 1456 서현프라자 604호
	전화 031) 906-5006
	팩스 031) 906-5079
	홈페이지 www.booksam.kr
	이메일 okbook1234@naver.com
	블로그 blog.naver.com/okbook1234
	페이스북 facebook.com/booksam.kr
	인스타그램 @okbook_
ISBN	979-11-93857-19-9 (03190)

* 이 책은 저작권법에 의해 보호를 받는 저작물이므로 무단전재와 무단복제를 금지하며, 이 책 내용의 전부 또는 일부를 이용하려면 반드시 저작권자와 휴앤스토리의 서면동의를 받아야 합니다.
* 책값은 뒤표지에 있습니다.
* 파손된 책은 구입처에서 교환해 드립니다.
* 이 도서의 판매 수익금 일부를 한국심장재단에 기부합니다.

휴앤스토리, 맑은샘 브랜드와 함께하는 출판사입니다.